O Espírito
e a filiação cristã

Dados Internacionais de Catalogação na Publicação (CIP)
(Câmara Brasileira do Livro, SP, Brasil)

Santos Filho, Jivaldo dos
  O Espírito e a filiação cristã : a antropologia pneumatológica de Paulo na Carta aos Romanos / Jivaldo dos Santos Filho, Waldecir Gonzaga. – Petrópolis, RJ : Vozes : Editora PUC-Rio, 2021.

  ISBN 978-65-5713-168-8 (Vozes)
  ISBN 978-65-88831-22-9 (PUC-Rio)

  1. Bíblia. N.T. Romanos – Comentários 2. Espírito Santo I. Gonzaga, Waldecir. II. Título.

21-59296   CDD-227.1

Índices para catálogo sistemático:

1. Epístolas aos Romanos : Comentários   227.1

Cibele Maria Dias – Bibliotecária – CRB-8/9427

Jivaldo dos Santos Filho
Waldecir Gonzaga

O Espírito e a filiação cristã

Antropologia pneumatológica de Paulo na Carta aos Romanos

Petrópolis

© 2021, Editora Vozes Ltda.
Rua Frei Luís, 100
25689-900 Petrópolis, RJ
www.vozes.com.br
Brasil

Todos os direitos reservados. Nenhuma parte desta obra poderá ser reproduzida ou transmitida por qualquer forma e/ou quaisquer meios (eletrônico ou mecânico, incluindo fotocópia e gravação) ou arquivada em qualquer sistema ou banco de dados sem permissão escrita da editora.

CONSELHO EDITORIAL

Diretor
Gilberto Gonçalves Garcia

Editores
Aline dos Santos Carneiro
Edrian Josué Pasini
Marilac Loraine Oleniki
Welder Lancieri Marchini

Conselheiros
Francisco Morás
Ludovico Garmus
Teobaldo Heidemann
Volney J. Berkenbrock

Secretário executivo
João Batista Kreuch

Editoração: Maria da Conceição B. de Sousa
Diagramação: Sheilandre Desenv. Gráfico
Revisão gráfica: Alessandra Karl
Capa: Felipe Souza | Aspectos
Ilustração de capa: Tratamento digital sobre imagem do quadro "St. Paul at his Desk" de Rembrandt Harmensz. van Rijn – c. 1633.

© Editora PUC-Rio
Rua Marquês de São Vicente, 225
Casa da Editora PUC-Rio - Gávea
Rio de Janeiro, RJ
Cep 22451-900
Tel.: (21) 3527-1760/1838
edpucrio@puc-rio.br
www.puc-rio.br/editorapucrio

Reitor
Pe. Josafá Carlos de Siqueira, S.J.

Vice-reitor
Pe. Álvaro Mendonça Pimentel, S.J.

Vice-reitor para Assuntos Acadêmicos
Prof. José Ricardo Bergmann

Vice-reitor para Assuntos Administrativos
Prof. Luiz Carlos Scavarda do Carmo

Vice-reitor para Assuntos Comunitários
Prof. Augusto Luiz Duarte Lopes Sampaio

Vice-reitor para Assuntos de Desenvolvimento
Prof. Sergio Bruni

Decanos
Prof. Júlio Cesar Valladão Diniz (CTCH)
Prof. Luiz Roberto A. Cunha (CCS)
Prof. Luiz Alencar Reis da Silva Mello (CTC)
Prof. Hilton Augusto Koch (CCBM)

Conselho Gestor Editora PUC-Rio
Augusto Sampaio, Danilo Marcondes, Felipe Gomberg, Hilton Augusto Koch, José Ricardo Bergmann, Júlio Cesar Valladão Diniz, Luiz Alencar Reis da Silva Mello, Luiz Roberto Cunha e Sergio Bruni.

ISBN 978-65-5713-168-8 (Vozes)
ISBN 978-65-88831-22-9 (PUC-Rio)

Editado conforme o novo acordo ortográfico.

Este livro foi composto e impresso pela Editora Vozes Ltda.

Sumário

Prefácio, 7

Siglas e abreviações, 11

1 Introdução, 13

2 Questões preliminares da Carta aos Romanos, 19

  2.1 Origem da Igreja romana, 20

    2.1.1 Breve história sobre Roma, 20

    2.1.2 Momento histórico-social-cultural-religioso--econômico, 21

  2.2 Quem eram os cristãos em Roma?, 23

    2.2.1 Autoria, destinatário, ocasião, data, lugar de composição e autor, 25

      2.2.1.1 Paulo, apóstolo e autor da carta, 25

      2.2.1.2 Destinatário, 29

      2.2.1.3 Ocasião da composição da carta, 30

      2.2.1.4 Data e lugar da composição, 31

    2.2.2 Significado da Carta aos Romanos, 32

3 Disposição retórica, texto e crítica textual, 35

  3.1 Disposição retórica da Carta aos Romanos, 36

  3.2 Texto e crítica textual de Rm 8,14-17, 42

  3.3 Disposição retórica de Rm 8,14-17 no contexto imediato de Rm 8, 45

  3.4 Um tema desenvolvido em Rm 8,14-17 e crucial na Carta aos Gálatas, 48

4 Comentário exegético de Rm 8,14-17, 53
   4.1 A condução pelo Espírito gera filhos, 53
      4.1.1 v. 14aα, 53
      4.1.2 v. 14bβ, 60
   4.2 O Espírito e o grito Ἀββά – Pai, 67
      4.2.1 v. 15aα-5cγ, 67
      4.2.2 v. 15dα-15eβ, 76
   4.3 O testemunho junto a nosso espírito, 80
      4.3.1 v. 16aα-16bβ, 80
   4.4 Sofrimento e glória, 83
      4.4.1 v. 17aα-17cγ, 83
      4.4.2 v. 17dα-17eβ, 88

5 Síntese teológica de Rm 8,14-17, 93
   5.1 O dom do Espírito, 97
      5.1.1 O Espírito / πνεῦμα, 97
      5.1.2 O Espírito de Deus, 101
      5.1.3 O Espírito de Cristo, 102
      5.1.4 O espírito do homem, 104
   5.2 O Espírito na filiação divina, 105
   5.3 O dualismo espírito e carne, 107
      5.3.1 O dualismo, 108
      5.3.2 A vitória do Espírito, 110
   5.4 Filiação, 111

6 Conclusão, 113

7 Referências, 119
   7.1 Fontes, 119
   7.2 Comentários e obras diversas, 119

Índice de citações bíblicas, 131

Posfácio, 147

Prefácio

Depois de dois mil anos de história do cristianismo, estamos acostumados a invocar Deus a partir do apelativo "Pai". Contudo, o costume aqui pode funcionar como uma faca de dois gumes: se, por um lado, o hábito tem a faculdade de simplificar a nossa vida, uma vez que não precisamos escolher tudo o que de certa forma já se incorporou ao nosso comportamento, por outro, o hábito desperta no homem a tendência de tratar com trivialidade mesmo aquelas realidades mais sublimes.

É nesse sentido que acolho com profundo reconhecimento e alegria esta obra que ora temos nas mãos intitulada *O Espírito e a filiação cristã – A antropologia pneumatológica de Paulo na Carta aos Romanos*. O tema da filiação divina é, sem sombra de dúvidas, um dos mais decisivos para a vivência autêntica da fé cristã.

Quando se percorre a Escritura, logo se descobre que só podemos falar de Deus a partir de analogias. E elas são abundantes no texto sagrado. Contudo, é curioso que o título de Pai apareça de maneira bastante parcimoniosa no Antigo Testamento. Ali Deus é invocado como Pastor, Esposo e Rei, mas o título de Pai comparece escassamente. Isso porque os povos vizinhos de Israel costumavam atribuir esse título às suas divindades, e para se evitar qualquer tipo de contaminação pagã, os autores sagrados olhavam o apelativo com certa distância. A verdade fundamental do judaísmo, a saber, a unicidade de Deus, não poderia ser questionada. Deus não tem filhos ou filhas, pois só Ele é Deus.

Apesar de todo esse cuidado, existem aquelas passagens nas quais Deus é comparado a um Pai. É sobretudo no contexto da aliança que essa imagem é mais desenvolvida (Os 11,1; Ez 16). A escolha gratuita de Deus a seu povo faz com que este o veja como um pai que se compadece de seus filhos (Sl 103,13). De modo particular, aquele que representa o povo – ou seja, o rei – estabelece com Deus uma relação de particular proximidade (Sl 2,7; 2Sm 7,14). Mas todos esses textos falam de um pai metafórico – é a analogia que se quer resgatar.

Contudo, a guinada radical se dá no Novo Testamento. Se o termo Pai aplicado a Deus no Antigo Testamento é pouco frequente, o mesmo não se verifica nos escritos da Igreja nascente. Nos evangelhos canônicos, por mais de sessenta vezes a palavra "Pai" aparece nos lábios de Jesus, e esta parece ser *a* designação de Deus para Jesus.

Segundo João, foi por meio de Jesus que recebemos o poder de nos tornar filhos de Deus (Jo 1,12); contudo, apesar de já sermos seus filhos, nem sequer se manifestou o que seremos (1Jo 3,2).

Mas é com o Apóstolo Paulo que a teologia da filiação divina será elevada aos cumes da reflexão cristã. Essa relação de paternidade é evocada nas cartas paulinas cerca de trinta e duas vezes. O que possibilita essa nova condição da humanidade é a mediação de Jesus Cristo. Ele é o Filho de Deus (Rm 1,3-4; Gl 2,20), mas também é Filho do homem, nascido de mulher, nascido sujeito à Lei (Gl 4,4). A vinda histórica de Jesus assinala essa iniciativa única e definitiva de Deus de elevar a humanidade à dignidade de filhos.

Se pela morte redentora de Jesus os homens e mulheres foram salvos do pecado, sua ressurreição e glorificação com o consequente envio do Espírito é que fazem com que o fiel prorrompa no grito *"Abbá!* Ó Pai!" (Rm 8,15; Gl 4,6). A filiação de Jesus é única, pois só Ele participa da natureza divina. Aquela dos homens é na ordem da graça, pois apesar de sermos criaturas, fomos assumidos filhos no Filho. É por isso que o Ressuscitado diz: "Subo para meu Pai e vosso Pai; para meu Deus e vosso Deus" (Jo 20,17). Deus é Pai dele e nosso, mas não da mesma forma.

A essência da vida cristã consiste em viver como filhos desse Pai que está nos céus. A filiação divina não implica apenas um dado estático e frio. Ser filho significa sobretudo assemelhar-se a esse Pai em sua capacidade de amar e de dar a vida pelos homens, de esquecer de si e de buscar o bem dos outros. Este livro que temos em mãos seguramente nos ajudará imensamente a fazer essa descoberta. Felicito os autores por nos oferecer um tema tão oportuno e decisivo, e desejo que todos possam haurir destas páginas aquela intimidade que nos faz chamar a Deus de "Pai".

Prof.-Dr. Heitor Carlos Santos Ultrini[1]
Professor do Departamento de Teologia da PUC-Rio

---

1. Doutorado em Teologia Bíblica pela Pontificia Università Santo Tommaso D'Aquino, Roma, Itália (2011). Professor de Sagrada Escritura junto ao Departamento de Teologia da PUC-Rio: Graduação e Pós-graduação. E-mails: hcsutrini @puc-rio.br e hcsutrini@gmail.com Lattes: ID Lattes: 6917066312236615

Siglas e abreviações

a.C.	antes de Cristo
AT	Antigo Testamento / Antico Testamento
CIC	Catecismo da Igreja Católica
d.C.	depois de Cristo
DCBNT	*Dizionario dei Concetti Biblici del NT*. Bolonha: EDB, 1976.
Dent	*Dizionario Esegetico del NT*. Bréscia: Paideia, 1995 [2. ed.].
DPL	*Dizionario di Paolo e delle sue Lettere*. Turim: San Paolo, 1999.
EB	Estudios Bíblicos
ed.	edição
EDB	Edizioni Dehoniane. Bologna.
et al.	Indicação para citação com mais de três autores.
etc.	*et coetera*
GCB	Grande Comentário Bíblico
GLNT	*Grande Lessico dell'AT*. Bréscia: Paideia, 2003.
IEB	Intoducción al Estudio de la Biblia
LBNT	I Libri Biblici Nuovo Testamento
NewDocs	*New documents Illustrating Early Christianity*
NT	Novo Testamento / Nuovo Testamento / Nuevo Testamento
p.	página

PDB	*Piccolo Dizionario Biblico*. Cinisello Balsamo: San Paolo, 1988 [7. ed., 1997].
PSV	Parola Spirito e Vita
SB	*Studi biblici*. Bréscia, 1971ss.
ss.	seguintes
TOB	*Traduction Oecuménique de la Bible*
v.	versículo
VTB	*Vocabulario de Teología Bíblica*. Barcelona: Herder, 1965 [17. ed., 1996].
WBC	*Word Biblical Commentary*

1
Introdução

A Carta de Paulo aos Romanos é uma carta autenticamente paulina, tida como a mais importante e considerada "o tratado de teologia" do "Apóstolo dos Gentios" (Rm 11,13). Aqui lidamos com uma obra-prima do início do cristianismo, muito usada em todos os tempos, desde o período patrístico até os dias atuais. Ela sobreviveu, inclusive, às críticas de Marcião, de Lutero e de Bauer. Nesse sentido, este nosso texto quer trabalhar a temática da filiação cristã a partir da atuação do Espírito Santo, tendo como base a perícope paulina de Rm 8,14-17.

A exortação feita pelo Apóstolo Paulo na Carta aos Romanos em nossa perícope (Rm 8,14-17) chama a nossa atenção para a realidade da filiação, pela qual o povo de Deus foi chamado a uma relação de intimidade com o Pai na plenitude dos tempos, por intermédio do seu único Filho Jesus Cristo. A essa mesma relação de intimidade com o Pai, nós, seus filhos e filhas, somos chamados hoje, segundo a realidade e o estado de vida de cada um.

A filiação para o povo de Deus do antigo Israel não era uma realidade nova. As Escrituras Sagradas já relatavam a paternidade de Deus como Pai das nações (cf. Gn 1,26-31; Sl 24,1; Sl 89,12); entretanto, também indivíduos como Davi (Sl 89,27), Salomão e o Messias:"יְהוָה אָמַר אֵלַי בְּנִי אַתָּה אֲנִי הַיּוֹם יְלִדְתִּיךָ / *Disse-me o Senhor: Tu és meu Filho, eu hoje te gerei*" (Sl 2,7; cf. At 13,33; Hb 1,5; 5,5). Aliás, os patriarcas, os juízes, os reis, os profetas etc., todos eles fizeram a experiência da paternidade do Deus de Israel, "rico em misericórdia e lento à ira" (Ex 34,6); não foi outra a experiência que Israel fez no deserto ao longo dos 40 anos de caminhada. Deus se fez sempre presente e paterno.

Da mesma forma, o Apóstolo Paulo tinha consciência de que a filiação não tinha raízes novas. Contudo, foi após sua experiência a caminho de Damasco que se manifestou a filiação de Jesus como realidade que não havia precedentes, porque se diferenciaria daquela revelada nas Escrituras ao povo judeu. Essa experiência lhe possibilitou crer e professar que Deus é "τὸν θεὸν καὶ πατέρα τοῦ κυρίου ἡμῶν Ἰησοῦ Χριστοῦ / *o Deus e Pai de Nosso Senhor Jesus Cristo*" (Rm 15,6; cf. 2Cor 1,3), e, assim, ressuscitou-o dos mortos (Gl 1,1). A ideia da paternidade de Deus a Jesus, que revela a natureza do nosso Salvador, também é manifestada nos evangelhos de acordo, por exemplo, com os eventos do Jordão (onde há o batismo de Jesus, Mt 3,17; Mc 1,11; Lc 3,22) e da transfiguração (Mt 17,5; Mc 9,7; Lc 9,35), entre outros momentos. Aliás, até mesmo na Cruz, Cristo não tem dúvidas em clamar e colocar sua vida nas mãos de Deus, como Pai: "Πάτερ, εἰς χεῖράς σου παρατίθεμαι τὸ πνεῦμά μου / *Pai, em tuas mãos entrego o meu espírito*" (Lc 23,46).

Com Jesus, Paulo adquire uma nova visão da relação humana com Deus, e faz questão de expor, por meio de suas cartas; como se vê com clareza em sua mensagem à Igreja de Roma, por ele ainda não visitada pessoalmente: "πᾶσιν τοῖς οὖσιν ἐν Ῥώμῃ ἀγαπητοῖς θεοῦ, κλητοῖς ἁγίοις, χάρις ὑμῖν καὶ εἰρήνη ἀπὸ θεοῦ πατρὸς ἡμῶν καὶ κυρίου Ἰησοῦ Χριστοῦ / *a vós todos que estais em Roma, amados de Deus e chamados à santidade, graça e paz da parte de Deus nosso Pai e do Senhor Jesus Cristo*" (Rm 1,7), e à Igreja da Galácia, em que saúda os seus destinatários com a certeza da filiação: "χάρις ὑμῖν καὶ εἰρήνη ἀπὸ θεοῦ πατρὸς ἡμῶν καὶ κυρίου Ἰησοῦ Χριστοῦ / *a vós, graça e paz da parte de Deus, nosso Pai, e da parte do Senhor Jesus Cristo*" (Gl 1,3), apenas para mencionar duas delas, mas esta é uma saudação como também nas demais cartas do Apóstolo. Assim, deixa evidente em sua saudação que Deus também é nosso Pai. A Igreja confirma essa verdade de fé, que também o Apóstolo Pedro já havia testemunhado em 2Pd 1,16-18:

> [16]Οὐ γὰρ σεσοφισμένοις μύθο ις ἐξακολουθήσαντες ἐγνωρίσαμεν ὑμῖν τὴν τοῦ κυρίου ἡμῶν Ἰησοῦ Χριστοῦ δύναμιν καὶ παρουσίαν ἀλλ᾽ ἐπόπται γενηθέντες τῆς ἐκείνου μεγαλειότητος. [17]λαβὼν γὰρ παρὰ θεοῦ πατρὸς τιμὴν καὶ δόξαν φωνῆς ἐνεχθείσης αὐτῷ τοιᾶσδε ὑπὸ τῆς μεγαλοπρεποῦς δόξης· ὁ υἱός μου ὁ ἀγαπητός μου οὗτός ἐστιν εἰς ὃν ἐγὼ εὐδόκησα [18]καὶ ταύτην τὴν φωνὴν ἡμεῖς ἠκούσαμεν ἐξ οὐρανοῦ ἐνεχθεῖσαν σὺν αὐτῷ ὄντες ἐν τῷ ἁγίῳ ὄρει / *[16]Com efeito, não foi seguindo fábulas sutis, mas por termos sido testemunhas oculares da sua majestade, que vos demos a conhecer o poder e a vinda de Nosso Senhor Jesus Cristo. [17]Pois Ele recebeu de Deus Pai honra e glória, quando uma voz vinda da sua glória lhe disse: "Este é o meu Filho amado, em quem me comprazo". [18]Esta voz, nós a ouvimos quando lhe foi dirigida do céu, ao estarmos com Ele no monte santo.*

Essa ideia também é confirmada pelo Catecismo da Igreja Católica (CIC), em seu n. 460:

> O Verbo se fez carne para nos tornar participantes da natureza divina (2Pd 1,4). Santo Irineu declara: "Pois esta é a razão pela qual o Verbo se fez homem, e o Filho de Deus, Filho do homem: é para que o homem, entrando em comunhão com o Verbo e recebendo assim a filiação divina, torne-se filho de Deus"; Também Santo Tomás de Aquino afirma: *Unigenitus Dei Filius, suae divinitatis volens nos esse participes, naturam mostram assumpsit, ut homines deos faceret factus homo* – "O Filho Unigênito de Deus, querendo-nos participantes da sua divindade, assumiu a nossa natureza para que aquele que se fez homem, dos homens fizesse deuses".

Duas são as motivações que levaram ao desenvolvimento deste estudo e publicação desta obra, "a quatro mãos": a primeira é um ato de gratidão ao Bom Deus por nos permitir participar da sua vida divina; e a segunda, é de cunho científico, que têm como fundamental importância o caminho da reflexão bíblica, pelo estudo do texto, com sua história e sua teologia. E assim, o objetivo geral deste trabalho é demonstrar que o ser humano (homem e mulher) passa a ser filho de Deus por meio do seu único Filho Jesus Cristo no Espírito Santo, na adesão pela fé, que é celada no batismo e vivida cotidianamente, ao longo de toda a vida, com seus momentos altos e baixos, suas derrotas e conquistas diárias.

A nossa obra usufruirá da metodologia retórica literária, que é um particular instrumento do mundo apostólico de Paulo, do método histórico crítico, do estudo exegético dos termos que compõem a perícope estudada e trabalhada, e da vasta publicação de comentadores da obra paulina.

A presente obra está dividida em seis capítulos: partindo da delimitação do nosso texto de Rm 8,14-17. **No primeiro** capítulo fazemos uma introdução na qual é exposto o panorama geral deste trabalho com suas motivações e divisões. **No segundo** capítulo expomos as questões preliminares que compõem a Carta aos Romanos com o contexto histórico do mundo romano e a pessoa de Paulo, para que, ao conhecê-los, possamos ter uma melhor compreensão do destinatário – isto é, quem são, o porquê do envio da carta e qual o seu significado –, e com isto usufruirmos melhor da sua mensagem e termos em vista as dificuldades que o Apóstolo enfrentou para cumprir sua missão de arauto. **No terceiro** capítulo, de caráter textual, apresentamos a disposição retórica (*dispositio*), sua composição, a perícope em si com uma tradução sugerida e a crítica textual (*critica textus*) realizada a partir do *aparato crítico* que nos é apresentado pela 28ª edição de Nestle-Aland. **No quarto** capítulo, partindo da metodologia supracitada, tentamos colher exegeticamente o máximo possível da mensagem a partir do texto na língua original, oferecendo uma tradução nossa, observando o que Paulo disse para o povo daquela época e o que o mesmo texto quer dizer hoje para nós, com seu aspecto teológico-bíblico, a fim de se chegar a uma vivência pessoal e comunitária da Palavra de Deus, contida nesta perícope paulina de Rm 8,14-17. **O quinto** capítulo, de cunho teológico, privilegia os temas centrais desta obra e que são ricos à Carta aos Romanos; ou seja: o "πνεῦμα / *Espírito*" e "υἱοθεσίας / *Filiação*". **No sexto** capítulo fazemos uma exposição do entendimento que obtivemos após as jornadas árduas e satisfatórias do estudo realizado nessa obra magna do Apóstolo Paulo, que é a Carta aos Romanos.

Além de toda a nossa colaboração, esta obra também traz dois textos preciosos: um prefácio e um posfácio; também é enriquecida de um índice de citações bíblicas, para facilitar sua leitura e estudo. Enfim, e não poderia ser diferente, apresentamos a bibliografia consultada e usada como auxílio na composição deste texto, não apenas no intuito de indicar o material utilizado, mas sobretudo de auxiliar futuras pesquisas, estudos e aprofundamentos.

Alia iacta est! Que todos os que tiverem contato com esta obra possam crescer na filiação divina, no conhecimento da Palavra de Deus e na intimidade com a Trindade Santa, este Deus que é *Pai, Filho e Espírito Santo*, como teve o Apóstolo Paulo ao longo de toda a sua caminhada, permitindo que fosse Deus a existir e não ele: "ζῶ δὲ οὐκέτι ἐγώ, ζῇ δὲ ἐν ἐμοὶ Χριστός· ὃ δὲ νῦν ζῶ ἐν σαρκί, ἐν πίστει ζῶ τῇ τοῦ υἱοῦ τοῦ θεοῦ τοῦ ἀγαπήσαντός με καὶ παραδόντος ἑαυτὸν ὑπὲρ ἐμοῦ / *Já não sou eu que vivo, mas é Cristo que vive em mim. Minha vida presente na carne, eu a vivo pela fé no Filho de Deus, que me amou e se entregou por mim*" (Gl 2,20).

2

Questões preliminares da Carta aos Romanos

A Carta aos Romanos é tida como o escrito mais importante[2] de todo epistolário paulino, não somente por ser grande, mas sobretudo porque é a única na qual o apóstolo desenvolve um discurso teológico bastante completo e sistemático, e, assim, desde o início do cristianismo foi constituída e utilizada[3].

A partir daqui tentaremos seguir a dinâmica escriturária de cada escritor que, ao enviar uma mensagem para um destinatário concreto, já possui um certo conhecimento da realidade pela qual deverá ser acolhida tal mensagem. Assim, Paulo, apesar de não conhecer pessoalmente a comunidade de Roma, envia seu grande testamento para o anúncio da Boa-Nova: Jesus Cristo.

---

2. DUNN, J.D.G. *Lettera ai Romani*, p. 1.353.

3. BARBAGLIO, G. *La persona e l'opera di Paolo*, p. 54: "Algumas das suas passagens aludem provavelmente à Primeira Carta de Pedro (Rm 13,1-7 com 1Pd 2,13-17) e com mais clareza Clemente Romano (1Cor 5,5-6) e Inácio de Antioquia". • SANCHEZ BOSCH, J. *Escritos paulinos*, p. 170.

2.1 Origem da Igreja romana

2.1.1 Breve história sobre Roma

Conforme Fitzmyer, a cidade de Roma foi fundada por descendentes de Enea, Rômulo e Remo, aos 23 de abril de 753 a.C. "Roma nasce da união dos Latinos (sediada no Palatino) e dos Sabinos (sediada no Esquilino, no Veminal e no Quirinal), e que inicialmente foi beneficiada por um regime monárquico (os setes reis de Roma)"[4].

No princípio era uma vila de pastores que se tornou prolongamento de Alba Longa. Todavia, com sua posição privilegiada na Itália Central, sendo vizinha do mar e sobre a foz do Rio Tibre, sua população cresceu desmedidamente, superando os povos vizinhos. Para resumir, vejamos um breve panorama da história de Roma[5]:

- Em 753 a.C. Roma foi fundada.
- Em 510 a.C. houve o fim da monarquia.
- Em 275 a.C. Roma obtém o controle de toda a Itália.
- Em 241 a.C. ela conquistou as províncias da Sicília; em 238 a.C., as províncias da Sardenha; em 206 a.C., as da Espanha; em 148 a.C., as da Macedônia; em 146 a.C. a província de Corinto.
- Entre 135-132 a.C. e 103-101 a.C. Roma foi marcada por rebeliões e guerras dos escravos.
- Em 60 a.C. passou a ser governada por um grupo de generais: Pompeu, Crasso e Julio César.
- Em 44 a.C. Julio César foi assassinado e, com isso, Marco Antônio e César Otávio assumiram o poder.

---

4. FITZMYER, J.A. *Lettera ai Romani*: Commentario critico-teologico, p. 55.

5. Ibid. • AUNE, D.E. *Imperatori Romani*, p. 847-848.

- Em 31 a.C. morreu Marco Antônio e César Otávio passou a ser o único senhor do mundo romano.
- Com o passar do tempo, em meados de 27 a.C. o senado conferiu a César Otávio o título de *Augustus*, proporcionando-lhe a soberania total no governo do Império.
- Em torno do ano 14 a.c. César Otávio morreu e seus sucessores assumiram o poder.
- Entre os anos 14 a.C. e 37 d.C. Roma foi governada por Tibério César.
- Entre os anos 37 e 41 d.C. Tibério César foi sucedido por Caio Calígula.
- Entre os anos 41 e 54 d.C. Roma foi governada por Cláudio.
- Entre os anos 54 e 68 d.C. foi governada por Nero. Vale ressaltar que nesse período ocorreu a morte dos apóstolos Tiago Menor (por volta de 62 d.C.), Pedro (por volta de 64 d.C.), Paulo (por volta de 67 d.C.) e, um pouco mais tarde, Judas Tadeu (por volta de 70 d.C.)

2.1.2 Momento histórico-social-cultural-religioso-econômico

A Carta aos Romanos é destinada aos cristãos de Roma, que era a capital do Império Romano ao tempo da composição do documento. Ao lado de Alexandria (Egito), Corinto (Grécia) e Antioquia (Síria), já no século I d.C. Roma era uma das cidades mais importantes do mundo mediterrâneo. Como capital do Império, dominava a zona oriental do Mediterrâneo, onde o cristianismo havia encontrado um terreno propício, no qual pôde estabelecer raízes.

No início da era cristã a cidade de Roma tinha 7 colinas e cerca de 1 milhão de habitantes[6]. A maioria desses habitan-

---

6. REASONER, M. *Roma e il cristianesimo romano*, p. 1.345.

tes era constituída por plebeus, libertos ou escravos. Muitos deles eram imigrantes recém-chegados à capital do Império, outros eram prisioneiros de guerra ou descendentes deles. Já no alto da escala social estava a aristocracia senatorial, apesar de que crescia o poder e influxo dos cavaleiros.

Roma, enquanto capital do Império, constituía o centro do poder (imperador e senado). Por um lado, dali partiam as decisões para todo o Império, e se concentrava toda riqueza da Província. E, por outro, como todo grande centro, nela também se encontravam grandes contradições: miséria, pobreza, violência, corrupção, problemas no campo da moral sexual, ódio etc.

Religiosamente falando, Roma era uma cidade tolerante ao culto oriental, na medida em que seus integrantes respeitassem a ordem pública. Oficialmente, colocava-se uma certa evidência sobre a divindade (Giove, Vênus, Vesta). Também se dava grande importância do culto ao imperador[7] e a inclinação à superstição.

No século I d.C. Roma já era uma cidade de alto nível cultural[8]. Acorriam a ela ilustres mestres, como filósofos, artistas, escritores, gramáticos, matemáticos, astrônomos, médicos. Entretanto, infelizmente, esse grande arcabouço cultural era destinado à pequena parcela população.

---

7. Ibid., p. 1.346: "É importante ressaltar que a religião romana estava estreitamente ligada ao regime político de Roma. Os sacerdotes dessa religião de Estado eram conselheiros do Senado".

8. Ibid., p. 1.345: "No século I d.C. Roma atraiu pessoas de todos os cantos do Império, e também de 27 a.C.-14 d.C., para manter a ordem na cidade, foi criada uma força policial urbana (*cohortes urbanae*) e um corpo de bombeiros (*vigiles*). Como os grandes centros urbanos de hoje, Roma na época do Império era uma cidade que merecia ser visitada. Afirmando que por diversas vezes já tinha pensado em visitar os cristãos de Roma antes de escrever sua carta para eles (Rm 1,13), Paulo diz o que qualquer habitante das províncias teria dito antes de fazer seus preparativos finais para uma viagem a Roma".

Os hebreus constituíam uma parcela considerável da população, cerca de 40 mil habitantes[9]. Uma parte deles era descendente de imigrantes de séculos anteriores; outra chegou depois de 63 a.C., ano no qual Pompeu conquistou a Palestina e levou consigo para Roma muitos prisioneiros hebreus. Eram várias comunidades autônomas que socialmente pertenciam à classe baixa e tinham um estreito relacionamento tanto político quanto cultural e religioso com Jerusalém.

Foi no Império de Augusto que em Roma os judeus conseguiram seus direitos fixados e confirmados, quais sejam: a prática da própria religião, permissão para não participar dos cultos pagãos, autorização para enviar o didracma[10] anual ao templo de Jerusalém.

No ano 49 d.C. os judeus foram expulsos de Roma por mandato do Imperador Cláudio; todavia, com sua morte no ano 54, foi permitido seu retorno, graças a Popea, que se tornou para eles uma grande fonte de influência no Império.

2.2 Quem eram os cristãos em Roma?

Segundo Penna[11], quando Paulo escreveu a Carta aos Romanos já existia há muito tempo cristãos[12] naquela cidade, con-

---

9. Ibid., p. 1.346.

10. MAPILA, M. *Glosarios de numismática antiga* [Disponível em http://www.tesorillo.com/roma/1tipos.htm#D, 2017 – acesso em 11/10/2017]. "O didracma, ou dracma duplo, era uma moeda de prata, também chamada de 'esteira', usada pelos gregos. Os romanos incumbiram algumas cidades na Grécia Magna para cunhar suas primeiras moedas de prata no início do século III a.C., e depois eles mesmos as cunharam, talvez a partir de meados desse século. O didracma circulou aproximadamente entre os anos 280 e 211 a.C. e serviu como precedente para a cunhagem do dinheiro, no final do século III a.C."

11. PENNA, R. *Lettera ai Romani: Rm 1–5 (I)* – Scritti delle origini Cristiane 6, p. 21.

12. RICCIOTTI, G. *Paolo Apostolo*: Biografia con Introduzione Critica, p. 386: "Na realidade, já havia muito tempo que o cristianismo tinha entrado em Roma.

forme se deduz indiretamente do texto retirado de Rm 15,23. Contudo, as circunstâncias do nascimento da nova fé na capital do Império são caracterizadas por algumas incertezas:

- Uma das mais antigas notícias sobre a presença dos cristãos em Roma foi dada pelo grande historiador pagão Tácito, que, depois de 115, narrou o suplício sofrido por eles a mando de Nero, após o incêndio de julho de 64 d.C.
- Outra notícia mais antiga e explícita sobre a origem dos cristãos em Roma foi dada por Irineu, bispo de Lion, que proclamava, em meados do século II, que a Igreja em Roma foi fundada e obteve estabilidade por causa de Pedro e Paulo. Com relação à fundação da comunidade não temos nada de preciso, mas somente algumas hipóteses como:
- Ela teria sido fundada pelos hebreus de Roma (At 2,20), presentes em Jerusalém durante a Festa de Pentecostes e convertidos à fé em Jesus por intermédio da pregação de Pedro, mais ou menos no ano 30 d.C.
- Foi fundada por alguns hebreus ou pagãos como fruto espontâneo da mobilidade de pessoas e ideias que atravessavam o Mediterrâneo e chegavam a Roma. Neste caso se hipotiza a fundação da comunidade mais ou menos em torno dos anos 40 d.C.

Enfim, dessa forma, se por uma parte podemos intuir que a população era formada em sua maioria por pagãos – "ἐν οἷς ἐστε καὶ ὑμεῖς κλητοὶ Ἰησοῦ Χριστοῦ [...] οὐ θέλω δὲ ὑμᾶς ἀγνοεῖν, ἀδελφοί, ὅτι πολλάκις προεθέμην ἐλθεῖν πρὸς ὑμᾶς, καὶ ἐκωλύθην ἄχρι τοῦ δεῦρο, ἵνα τινὰ καρπὸν σχῶ καὶ ἐν ὑμῖν καθὼς καὶ ἐν τοῖς λοιποῖς ἔθνεσιν. / *dos quais fazeis parte também vós, chamados*

Contudo, não temos como precisar seu início, e não há dúvidas de que os discípulos de Paulo não foram os primeiros evangelizadores da cidade dos Cesares".

de Jesus Cristo [...]. E não escondo, irmãos, que muitas vezes me propus ir ter convosco e fui impedido até agora para colher algum fruto também entre vós, como entre os gentios" (Rm 1,6.13; cf. Rm 11,13; 15,16)[13] –, por outra parte, lendo a Carta aos Romanos descobre-se uma forte presença de judeus cristãos (Rm 2, 1-24; 3,9.29-30; 4,1; 7,1; 9–11; 13–16). Segundo Gonzaga, isso se percebe até mesmo pelos fortes conflitos que essa carta permite ver entre cristãos de origem judaica e de origem pagã[14].

2.2.1 Autoria, destinatário, ocasião, data, lugar de composição e autor

2.2.1.1 Paulo, apóstolo e autor da carta[15]

A vida de Paulo pode ser reconstruída com base em duas fontes essenciais: as cartas e os Atos dos Apóstolos (At 7,58; 8,1-3; 9,1-30; 11,25-30; 12,25; 13,1-28.31; 1Ts 2,1-2.17-18; 3,1-3a; Rm 11,1c; 15,19b.22-23; 16,1; 1Cor 5,9; 7,7-8; 16,1-9; 2Cor 2,1.9-13; 11,7-9.23-27.32-33; 12,2-4.14.21; 13,1.10; Gl 1,13-23; 2,1-14; 4,13; Fl 3,5-6; 4,15-16). Segundo estudos, certamente sete cartas (Romanos, 1Coríntios, 2Coríntios,

---

13. REASONER, M. *Roma e il cristianesimo romano*, p. 1.345. Com relação à pluralidade étnica de Roma: "No mínimo, no início do século III a.C., Roma passa a ser um centro de atração para diversas etnias. A imigração das províncias da Itália e da Grécia, que aconteceu na época da República foi ofuscada no início do Império por aquelas vindas da Síria, da Ásia Menor (atual Turquia), do Egito, da África, da Espanha e, logo depois, da Gália e da Alemanha. Segundo alguns historiadores, o texto de At 2,10 e o Decreto de expulsão de Cláudio (49 d.C.) indicam que antes da expulsão a maior comunidade cristã que residia em Roma era judaica, e depois da expulsão era étnico-cristã".

14. Sobre esta temática sugerimos a leitura de GONZAGA, W. *Os conflitos na Igreja primitiva entre Judaizantes e Gentios em Gálatas e Romanos*. Nessa obra o autor faz um estudo sobre os conflitos entre essas duas correntes do cristianismo a partir dessas duas cartas paulinas e de At 15.

15. BARBAGLIO, G. *La persona e l'opera di Paolo*, p. 53-60. • SACCHI, A. *La cronologia Paolina*, p. 61-68.

Gálatas, Filipenses, 1Tessalonicenses e Filêmon) foram escritas ou ditadas de viva-voz pelo próprio Paulo. Elas são consideradas autênticas e constituem um testemunho direto, tendo muitíssimo valor[16]. As outras seis cartas: Efésios, Colossenses, 2Tessalonicenses, 1Timóteo, 2Timóteo e Tito são atribuídas a Paulo ou, no pior dos casos, a profundos conhecedores do Apóstolo[17]. Ao lado das cartas coloca-se, como fonte secundária, os Atos dos Apóstolos, que, segundo a tradição, foi escrito por Lucas, o mesmo que escreveu o terceiro evangelho.

De acordo com Lucas em Atos dos Apóstolos e algumas cartas paulinas podemos traçar uma breve cronologia da vida do Apóstolo (At 7,58; 9,23-26; 11,27-30; 12,25; 13–18; 23,24; 24,1-7; 28,30; Rm 15,24.28.30-31; 1Cor 16,1-4; 2Cor 11,32-33; Gl 1,18.21; 2,5.11-14; 4,13)[18], considerado um dos maiores marcos da evangelização e anunciador do Crucificado-Ressuscitado[19]:

- 6-8 d.C.: nascimento de Paulo.
- 33-36 d.C.: conversão ou chamado[20] (At 9,1-19.25).

---

16. Sobre o valor e o arranjo das cartas paulinas no cânon do NT, indicamos a obra GONZAGA, W. *Compêndio do cânon bíblico*, p. 406-407.

17. SANCHEZ BOSCH, J. *Escritos paulinos*, p. 15.

18. SACCHI, A. *La cronologia paolina*, p. 67.

19. PENNA, R. *I Ritratti originali di Gesù il Cristo*, I, p. 137. Termo usado por Romano Penna: "O Crucificado Ressuscitado".

20. Ibid., p. 101: "A este respeito se poderia perguntar (e isso também tem uma implicação cristológica), se a experiência vivida por Paulo na sua ida a Damasco pode ser definida com a tradicional categoria de 'conversão' ou seria mais apropriada a definição de 'chamado'. Este segundo seria mais pertinente, de acordo com o julgamento de alguns exegetas, uma vez que o apóstolo não recorre ao vocabulário específico de conversão para ilustrar seu caso (como μετανοεῖν, 'arrepender-se'; o ἐπιστρέφειν, 'voltar'); contudo, utiliza outros tipos de vocabulário (como καλεῖν, 'chamar'; ἀφορίζει, 'colocar a parte', escolher;

- 37 d.C.: primeira visita a Jerusalém e encontro com Pedro (At 9,26.30).
- 45-49 d.C.: primeira viagem missionária (At 13,1;14, 28)[21].
- 49 d.C.: Assembleia de Jerusalém.
- 49-52 d.C.: segunda viagem missionária e permanência em Corinto (At 15,36–18,17)[22].
- 52-54 d.C.: terceira viagem. Permanência de 2 anos e meio em Éfeso.
- 54-55 d.C.: permanência de 3 meses em Corinto (inverno) e viagem a Jerusalém.
- 56-58 d.C.: prisão em Cesareia.
- 58-59 d.C.: viagem em direção a Roma (inverno), para onde foi levado como prisioneiro.
- 59-61 d.C.: prisão romana.
- 67 d.C.: morte em Roma.

Com a precedente cronologia obtemos um certo conhecimento do trajeto percorrido por Paulo. No entanto, ainda fica a pergunta sobre quem é Paulo de Tarso, que depois será conhecido como apóstolo dos pagãos (Rm 11,13)[23].

---

e ἀποκαλύπτειν, 'revelar') que insistem menos sobre o nível antropológico do evento e mais sobre o nível no estritamente teológico; portanto, o caso-Paulo é comparado ao dos antigos profetas, como Isaías e Jeremias, dos quais precisamente não se pode dizer que eles se converteram, mas apenas que foram chamados". • STENDAHL, K. *Paolo tra ebrei e pagani*, p. 59: "Encontramo-nos diante de um chamado para a missão, e não de uma conversão".

21. ALEXANDER, L.C.A. *Cronologia di Paolo*, p. 414: "Primeira viagem missionária: Antioquia, Chipre, Panfília, Psídia, Icônio, Listra, Derbe, Antioquia".

22. Ibid.: "Segunda viagem missionária: Síria e Cilícia, Frígia, Galácia, Filipos, Tessalônica, Bereia, Atenas, Corinto".

23. DUNN, J.D.G. *Lettera ai Romani*, p. 1.353.

Paulo era um judeu da tribo de Benjamin (Rm 11,1; Fl 3,5)[24] e cidadão romano (At 16,37; 25,11-12; 26,32; 28,19)[25], nascido em Tarso da Cilícia (At 21,39)[26]; contudo, crescido em Jerusalém (At 22,3). Formado na escola Do rabino Gamaliel com as mais rígidas normas da Lei Paterna, cheio de zelo por Deus (At 22,3; Gl 1,13; Fl 3,6). Como fariseu, viveu na mais rígida corrente farisaica preponderante da época (At 26,5). Ademais, podemos indicar duas realidades que caracterizam o nosso extraordinário autor antes de seu chamado[27]:

- Participação convicta e zelante na religiosidade judaica dos seus antepassados (2Cor 11,22; Gl 1,13-14; Fl 3,5-6).
- Hostilidade não privada de violência externa no confronto com o neonascido movimento cristão (At 22,4; 26,10-11; 1Cor 15,9; Fl 3,5-6). E. Hänchen[28] diz que o autor sagrado (At 9,1; 22,4; 26,10-11) fala de Paulo não somente como um simples perseguidor, mas quase como a perseguição em pessoa.

---

24. LÉGASSE, S. *Paolo Apostolo*: Biografia critica, p. 30-31.

25. MURPHY-O'CONNOR, J. *Vita di Paolo*, p. 57.

26. OBERMAYER, H. et al. *Paolo*, p. 239: "Sua origem em Tarso (uma importante cidade portuária) tornou possível o aprendizado da língua falada de todos os lugares em que esteve, também facilitou o conhecimento da cultura grega, da filosofia e da religião popular, bem como o permitiu conhecer o ambiente do Império Romano. Paulo pensava e falava grego fluentemente, e por isso tinha muita afinidade com esse lugar que, na época, era o centro do mundo. Ele aprendeu a técnica artesanal do fabricante de tendas (tecelão ou apenas alfaiate de cortinas ou dos dois juntos?) e que, como apóstolo, praticava (At 18,3; 1Ts 2,9). Do ponto de vista médico, ele foi afetado por um enfraquecimento ou doença não fácil de ser identificada (At 21,39; 2Cor 12,7ss.; Gl 4,13ss.)".

27. BARBAGLIO, G. *La persona e l'opera di Paolo*, p. 54.

28. HÄNCHEN, apud ibid.

Mesmo com uma vida zelante pela religiosidade judaica, na existência de Paulo se verifica uma mudança decisiva quando, na estrada de Damasco[29], encontra o Senhor ressuscitado e assim o acolhe[30] como realidade única de sua vida.

2.2.1.2 Destinatário

Do que é possível coletar de informações retirada da própria introdução à carta, não resta dúvidas de que Paulo envia seu testamento "a todos aqueles que chama de amados de Deus e chamados à santidade" (Rm 1,7)[31]; isto é, a comunidade cristã em Roma. Ademais, a Igreja de Roma era composta de cristãos vindos tanto do judaísmo como do paganismo; provenientes de todas as partes do Império[32].

---

29. PENNA, R. *I Ritratti originali di Gesù il Cristo*, I, p. 96-97: "É claro que Paulo já ouvira falar de Jesus antes de Damasco. Podemos deduzir isso não apenas pelo fato de ele ter liderado uma feroz perseguição à comunidade de seus discípulos (Gl 1,13-14; At 8,3), mas também pelas passagens encontradas em suas cartas, nas quais há referência suficientemente autobiográfica e clara sobre suas concepções acerca de Jesus antes do evento de Damasco. P. ex., se em 1Cor 1,23 ele declara que Jesus crucificado é um 'escândalo para os judeus', podemos acreditar que no passado ele também o considerava dessa forma, pois Paulo era um judeu muito rigoroso. Da mesma forma, se em Gl 3,13, ele cita a passagem Dt 21,23 segundo a qual 'quem é pendurado na madeira é amaldiçoado', fica claro que o texto bíblico deve tê-lo servido antes como motivo para recusar e condenar Jesus crucificado". • HENGEL, M. Il *Paolo precristiano*, p. 153-192.

30. PENNA, R. *I Ritratti originali di Gesù il Cristo*, I, p. 98,103-104: "A cristologia de Paulo, portanto, tem um ponto de partida que não é doutrinário, mas vivido; e, por isso, é claro que ele não se converte a uma doutrina ou sequer a uma instituição, mas a uma pessoa, de modo a estabelecer um relacionamento vivo e totalizador com ela. Nada além disso significa quando o apóstolo escreve: 'Não sou mais eu quem vive, mas é Cristo que vive em mim' (Gl 2,20), ou quando diz: 'Para mim, viver é Cristo' (Fl 1,21); i. é: depois do seu encontro com a pessoa de Cristo, esse agora passa a ser sua verdadeira razão de ser e constitui todo o significado da vida de Paulo".

31. VANNI, U. *Lettere ai Galati e ai Romani*, p. 91.

32. O evento de Pentecostes relata a presença de Romanos (At 2,10). Essa ideia confirma o fato de que a comunidade cristã presente no local não foi fundada por Paulo.

2.2.1.3 Ocasião da composição da carta

Para tentarmos determinar com maior precisão qual foi o motivo pelo qual Paulo escreveu sua carta à comunidade de Roma, nos apoiaremos na posição de Sanchez Bosch e Romano Penna[33], que tratam da temática.

Segundo Sanchez Bosch, o Apóstolo tinha consciência de ter concluído uma grande obra, mas tinha dentro de si o desejo de evangelizar até os confins da Terra. Com isso, Paulo pensou que era o momento de escrever uma espécie de testamento, uma *opus maius*, onde pudesse resumir o período mais importante de sua vida. O Apóstolo dos Gentios também dirigiu essa carta aos romanos porque sempre tinha diante de si o futuro; a fé dos romanos, que já era anunciada por todo o mundo (Rm 1,8), permitiria, do ponto de vista prático, a preparar sua viagem[34] ao novo ponto de evangelização, a Espanha[35].

Já Romano Penna[36], para determinar o motivo pelo qual Paulo escreveu sua carta à comunidade de Roma, utiliza um dado importante citado por Baur[37], da Universidade de Tubinga, mostrando a situação daquela comunidade:

---

33. SANCHEZ BOSCH, J. *Escritos paulinos*, p. 286. • PENNA, R. *Lettera ai Romani*: Rm 1–5 (I), p. 43-50.

34. Dois fatores dão a Roma uma certa importância: a) Roma é uma capital, e as capitais são grandes pontos de referência para a evangelização de Paulo; b) Roma é um grande centro de informações geográficas, demográficas e de potencial econômico importante para a ajuda às comunidades.

35. DUNN, J.D.G. *Lettera ai Romani*, p. 1.356.

36. PENNA, R. *Lettera ai Romani*: Rm 1–5 (I), p. 15-32.

37. BAUR, apud ibid., p. 44. Com relação a essa posição de Baur, hoje muitos autores se pronunciam nesse mesmo sentido, como, p. ex., CRAFTON, J.A. *Paul's Rhetorical Vision and the Purpose of Romans*, p. 317-339.

Baur servia-se de uma visão da história construída pela Escola de Tubinga, que via o desenvolvimento protocristão como uma tensão dialética entre o judaísmo e o paulinismo (com a posição mediana do petrinismo). De modo concreto, ele afirmava que Paulo, com sua carta, direcionava-se à Igreja romana para estimular os seus membros judeu-cristãos a se abrirem ao universalismo do Evangelho contra toda forma de particularismo judaico ou judaísta.

2.2.1.4 Data e lugar da composição

Normalmente, a suposição aceita pelos estudiosos é a de que em um inverno tranquilo, provavelmente ao fim da terceira viagem entre os anos 55 e 58 d.C.[38], na cidade de Corinto[39], com esperança de futuras evangelizações "até o extremo da terra" (Rm 15,24.28) e com certo temor de um possível fim trágico em Jerusalém, Paulo dedicou seu testamento espiritual

---

38. VANNI, U. *Lettere ai Galati e ai Romani*, p. 72: "Segundo Vanni, existe entre os autores opiniões diversificadas sobre a data de composição da Carta aos Romanos. Sabemos que entre os anos de 52 a 54 ele tinha iniciado sua terceira viagem missionária, *um terminus post quem*. No ano de 59, com a chegada de P. Festo a Cesareia, constitui *um terminus ante quem*. Entre esses dois extremos oscilam a verificação dos períodos descritos pelos Atos dos Apóstolos e deduzidos pelas cartas, e proporcionalmente também oscila neles a Carta aos Romanos. P. ex.: S. Zedda (*Prima lettura di S. Paolo*, p. 303, fala do inverno de 57-58), já F.J. Leenhardt (*L'Epître de St. Paul aux Romains*, p. 7) e J.M. Lagrange (*L'Epître aux Romains*, p. XVIII-XX) falam da primavera de 57".

39. DUNN, J.D.G. *Lettera ai Romani*, p. 1.354: "A relação entre Rm 15,25 e At 20 também revela o local de origem da carta, pois At 20,3 fala de três meses passados na Grécia antes de iniciar a jornada final para Jerusalém. Isso nos faz pensar em Corinto, que era a principal residência de Paulo na Grécia, concordando com o que é dito em Rm 16: Febe era de Cencreia, um dos portos de Corinto (Rm 16,1-2), e Gaio e Erasto (Rm 16,23) provavelmente moravam em Corinto (1Cor 1,14; *NewDocs* 4.160-161). Contudo, o mais importante é que uma estada de três meses em determinado local possa ter proporcionado a Paulo tempo necessário para planejar, compor e ditar aquela que é a sua carta mais bem elaborada e formulada".

à comunidade de Roma[40]; provavelmente, Paulo está no fim da terceira viagem missionária[41].

2.2.2 Significado da Carta aos Romanos

Romano Penna, na premissa de seu livro sobre a Carta aos Romanos, diz que essa carta é o primeiro escrito neotestamentário no qual temos um comentário completo desde 243 d.C., herdado do grande alexandrino Orígenes. Dessa data até os dias de hoje os trabalhos sobre essa carta têm se multiplicado de forma exponencial, confirmando sua enorme importância[42] para a fé, para a teologia, para a espiritualidade e para o formulado pensamento da civilização ocidental[43].

Entre os escritos neotestamentários, a Carta aos Romanos[44] é provida de um grande valor para o cristianismo; ela é

---

40. SANCHEZ BOSCH, J. *Escritos paulinos*, p. 287.

41. DUNN, J.D.G. *Lettera ai Romani*, p. 1.353: "Quanto à data, o ponto mais significativo é que Paulo escreveu sua carta quando pensou ter completado a fase mais importante de seu trabalho; ou seja, a evangelização do setor noroeste do Mediterrâneo (Rm 15,19.23). A notícia de que ele estava saindo para uma visita a Jerusalém (Rm 15,25) concorda com a descrição mais ampla de uma visita final a Jerusalém encontrada em Atos dos Apóstolos, na conclusão (que seria revelada como definitiva) da atividade que ele realizou na Ásia Menor e Grécia (At 20). Esse dado leva a fixar a data da sua composição na metade dos anos de 50 (55-57 d.C.)".

42. Ibid.: "O mais importante é que ela representa a primeira elaboração teológica que chegou até nós, devido a um teólogo cristão, que teve uma enorme influência na formulação da teologia cristã de todos os tempos e, de fato, pode ser considerada a obra teológica cristã mais importante que tenha sido escrita".

43. PENNA, R. *Lettera ai Romani*: Rm 1–5 (I), p. 19.

44. FITZMYER, J.A. *La Lettera ai Romani*, p. 1.087: "A Carta aos Romanos influenciou a teologia cristã subsequente mais do que qualquer outro livro do NT. Raramente uma área de reflexão teológica não foi afetada por seus ensinamentos. Sua influência também é evidente em outros escritos do NT (1Pedro, Hebreus e Tiago) e em obras subapostólicas (Clemente, Inácio, Policarpo, Justino). Os comentários escolásticos patrísticos sobre a Carta aos Romanos são

também a carta na qual encontramos menos controvérsia em relação ao autor, ao conteúdo, ao tempo e aos destinatários, que são grandes problemas para se resolver e para se precisar nos outros escritos neotestamentários[45].

Na antiguidade cristã podemos observar os exemplos claros de Marcião, que extrai os motivos para sua concepção herética de separação do cristianismo da antiga herança testamentária e judaica. Já Agostinho, com a leitura dessa carta, foi impulsionado à conversão e inspirado decisivamente na polêmica antipelagiana.

Também a Reforma Protestante[46] utilizou a Carta aos Romanos como texto sagrado de suas inspirações. O próprio Lutero afirma: "Foi como se escancarasse para mim a porta do paraíso"[47]. Já nos tempos modernos podemos recordar a obra de K. Barth: a sua "tradução radical"[48] representou, em 1919, uma nova transformação na teologia protestante alemã, colocando um ponto-final ao domínio liberal e inaugurando o dialético. Enfim, vemos a Carta aos Romanos no renovado diálogo ecumênico dos nossos dias, quando essa carta não é mais vista

---

abundantes; a partir de Orígenes, os principais intérpretes são: Crisóstomo, Teodoro, João Damasceno, Ecumenio, Teofilatto, Ambrosiaster, Pelágio, Hugo de S. Vitor, Abelardo e Tomás de Aquino. Também no debate da Reforma a função da Carta aos Romanos é imensa. Comentários famosos foram escritos por Martinho Lutero, F. Melantone e J. Calvino. O pensamento religioso moderno também foi muito influenciado pelos comentários teológicos de K. Barth (*Epistola ai Romani*), A. Nygren (*Commentary on Romans*), H. Asmussen (*Der Römerbrief*) e E. Brunner (*Der Römerbrief*). A contribuição que a Carta aos Romanos deu ao pensamento cristão ocidental é inestimável".

45. DUNN, J.D.G. *Lettera ai Romani*, p. 1.353.

46. BARBAGLIO, G. *Lettere di Paolo*, p. 171: "De fato, o caminho do protestantismo foi marcado indelevelmente pelos comentários de Lutero, Calvino e Melantone".

47. LUTERO, apud ibid.

48. BARTH, apud ibid.

como texto que divide, como no século XVI, mas como capaz de unir os que acreditam em Cristo.

Temos como um dos sinais dos tempos o fato de que em 1965 a Tradução Ecumênica da Bíblia, de língua francesa (TOB/TEB), iniciou seus trabalhos com a Carta aos Romanos. Por fim, Barbaglio, fazendo suas as palavras do Pastor Bögner, afirma: "o texto das nossas divisões devia transformar-se no texto do nosso encontro"[49].

---

49. BÖGNER, apud ibid.

3
Disposição retórica, texto e crítica textual

Com Aristóteles a arte da retórica grega[50] de seus predecessores, como Górgia, Protagóras e Platão, é retomada e ampliada nos seus estudos. Sua obra foi a fonte de inumeráveis manuais de retórica grega e latina durante o I século d.C.[51] Segundo Aristóteles, a arte de persuadir depende de três fatores: *ethos* ("o caráter moral de quem fala"), *pathos* ("as emoções suscitadas nos ouvintes") e *logos* ("os argumentos lógicos do discurso")[52].

Já na tradição clássica podemos encontrar três tipos de retórica: a forense, a deliberativa e a epidítica. A forense defende ou acusa alguém pelas ações passadas, a deliberativa exorta ou dissuade com relação às ações futuras e a epidítica afirma valo-

---

50. Segunda metade do IV século a.C.
51. HANSEN, G.W. *Critica retorica*, p. 384.
52. Ibid., p. 384.

res comuns através de elogios ou críticas para influenciar numa avaliação presente[53].

3.1 Disposição retórica da Carta aos Romanos

Seguindo a hermenêutica da retórica clássica e graças à manualística latina, que teve o mérito na repartição retórica, foram sendo determinadas as partes de um discurso ou escrito retórico. Assim, Cornifício define as cinco partes da *partitio*:

> É necessário que no discurso exista a invenção, a disposição, a elocução, a memória e a pronúncia. A invenção é o lugar das coisas verdadeiras que tornam a causa provável. A disposição é a ordem e distribuição das coisas; ou seja, de que modo as coisas devem ser colocadas. A elocução diz respeito à modalidade da expressão pela invenção das palavras e das frases. A memória refere-se à fixação no centro das coisas, das palavras e da disposição. A pronúncia está ligada à moderação, com dignidade na voz, no rosto e nos gestos[54].

No tempo de Paulo o mundo era profundamente fascinado pela oratória pública passada por homens que, mediante a arte do falar de modo enfático, procuravam "persuadir" seu(s) auditor(es) a uma suposta aceitação ou adesão à mensagem proferida[55]. No cristianismo essa arte da pregação era como um ter-

---

53. Ibid., p. 385: "W. Wuellner mostra como a discussão sobre a lei em Romanos pode ser esclarecida pela observação do objetivo epidítico da carta (não forense, como em Gálatas)".

54. CORNIFÍCIO, apud PITTA, A. *Disposizione e messaggio della Lettera ai Galati*, p. 54.

55. Um grande exemplo são os chamados sofistas que, mediante o uso da oratória convenciam os ouvintes a acolherem as suas ideias. Podemos ver também muito claro ainda hoje esta arte da oratória no exercício da política e da advocacia.

mômetro para determinar a capacidade do orador. No entanto, com base em 1Cor 2,1-5, Winter afirma que o discurso de Paulo era uma demonstração da ação do Espírito[56]:

> No seu discurso e na sua pregação Paulo não usava a retórica persuasiva; pois, afirmava que era uma demonstração do Espírito e da sua potência. A renúncia, por parte de Paulo, do uso da retórica na pregação, que no seu tempo era muito admirada, foi um passo radical e arriscado. Mas, sua renúncia foi motivada pelo desejo de que a fé dos seus fiéis convertidos não se fundasse na sabedoria humana, mas sobre a potência de Deus.

A seguir, para termos uma visão mais apurada da mensagem paulina e evitarmos uma leitura diretamente teológica[57] que deturpe a real intenção da mensagem do Apóstolo, apresentaremos, na visão de Aletti e Pitta, a *dispositio* e a estrutura da Carta aos Romanos:

A) *DISPOSITIO*

1,16-17: *Propositio* principal

1,18-11,36: *Probatio* – em três partes diversas:

- 1,18–4,25:

    1,18: *subpropositio*

---

56. WINTER, B.W. *Retorica*, p. 1.327 – 1 Cor 2,1-5: "Eu mesmo, quando fui ter convosco, irmãos, não me apresentei com o prestígio da palavra ou da sabedoria para vos anunciar o mistério de Deus. Pois não quis saber outra coisa entre vós a não ser Jesus Cristo, e Jesus Cristo crucificado. Estive entre vós cheio de fraqueza, receio e tremor; minha palavra e minha pregação nada tinham da persuasiva linguagem da sabedoria, mas eram uma demonstração de Espírito e poder, a fim de que a vossa fé não se baseie sobre a sabedoria dos homens, mas sobre o poder de Deus".

57. ALETTI, J.N. *Romanos* – Comentário Bíblico Internacional, p. 1.416.
- PITTA, A. *Lettera ai Romani*, p. 31-33.

1,19-32: *narratio*

2,1-3,18: *probatio*

3,19-20: *peroratio*

3,21-22a: *subpropositio*

3,22b-4,25: *probatio*

- 5,1–8,39:

    5,1-11: *exordium*

    5,12-21: *narratio*

    5,20-21: *subpropositio* (completa em 6.1,15; 7.7; 8.1,2)

    6,1-8,30: *probatio*

    8,31-39: *peroratio*

- 9,1–11,36:

    9,1-5: *exordium* seguido de três subdivisões

    A = 9,6-29:

       9,6a: *subpropositio*

       9,6b-29: *probatio*

    B = 9,30-10,21:

       9,30-10,3: *exordium*

       10,4: *subpropopositio*

       10,5-21: *probatio*

    A' = 11,1-32:

       11,1: *subpropositio*

       11,2-32: *probatio*

       11,33-36: *peroratio*

B) ESTRUTURA

Introdução (Rm 1,1-17)

O pré-escrito (1,1-7)

Exórdio (1,18-15)

A tese geral (1,16-17)

O corpo espitolar (Rm 1,18–15,13)

A. *Sessão demonstrativa (1,18–11,36)*

A revelação da ira e da justiça divina (Rm 1,18–4,25)

A revelação da ira divina (Rm 1,18–3,20)

A narração (1,18-32)

As provas (2,1-3,18)

A imparcialidade divina (2,1-11)

Os gentios, os judeus e a lei (2,12-16)

A paródia (2,17-24)

Os judeus, os gentios e a circuncisão (2,25-29)

A vantagem do judeu (3,1-8)

A universalidade da culpa (3,9-18)

A defesa da acusação (3,19-20)

A manifestação da justiça divina (3,21-4,25)

A justificação por meio da Fé em Cristo (3,21-26)

A exclusão do orgulho (3,27-31)

O exemplo de Abraão (4,1-25)

A fé de Abraão (4,1-8)

A garantia (4,9-12)

A promessa e a herança (4,13-22)

A defesa (4,23-25)

O paradoxo do orgulho cristão (5,1–8,39)
  Da justificação até a paz (5,1-11)
  O confronto entre Jesus e Adão (5,12-21)
  A incompatibilidade da graça e o pecado (6,1-14)
  O Senhorio da Graça (6,15-23)
  O pertencer a Cristo e não à lei (7,1-6)
  A tragédia do eu e da lei (7,7-25)
    A tragédia da lei (7,7-13)
    A tragédia do eu (7,14-20)
    O epílogo trágico (7,21-25)
  A Lei do Espírito (8,1-13)
  A Filiação no Espírito (8,14-17)
  Sofrimento e glória (8,18-30)
  O Amor de Deus e de Cristo (8,31-39)

A fidelidade da Palavra de Deus (9,1–11,36)
  Uma grande tristeza (9,1-5)
  Nem todo Israel é fiel (9,6-29)
    Israel e a eleição (9,6-13)
    A Justiça e a Misericórdia divina (9,14-18)
    Como um oleiro (9,19-23)
    A chamada dos judeus e dos gentios (9,24-29)
  Cristo o fim da lei (9,30–10,21)
    Israel e a Justiça divina (9,30-10,4)
    A justiça da fé (10,5-13)
    A Palavra de Cristo (10,14-17)
    Israel é indesculpável (10,18-21)

Deus não rejeitou o seu povo (11,1-36)
   O resto (11,1-10)
   Queda e inveja (11,11-16)
   Oliveira brava e seiva da oliveira (11,17-24)
   O mistério (11,25-36)
B. *A paraclese (12,1–15,13)*
   O culto da razão (12,1–13,14)
      O teste (12,1-2)
      Moderação na comunidade (12,3-8)
      O amor como ideal do belo e do bom (12,9-21)
      Submissão à autoridade civil (13,1-7)
      Amor recíproco (13,8-10)
      A espera do dia (13,11-14)
   O recíproco acolhimento entre os fortes e os fracos (14,1–15,13)
      O Acolhimento dos fracos (14,1-12)
      Contra o escândalo do irmão (14,13-23)
      Cristo, modelo para os fortes (15,1-6)
      A defesa sobre o recíproco acolhimento (15,7-13)
O pós-escrito epistolar (Rm 15,14–16,27)
   O orgulho da evangelização (15,14-21)
   Os próximos projetos de viagem (15,22-33)
   Recomendações e saudações finais (16,1-16)
   Admoestação e bênção final (16,17-20)
   Saudações da comunidade de partida (16,21-23)
   Doxologia final (16,25-27)

3.2 Texto e crítica textual de Rm 8,14-17

O texto editado pela 28ª edição de Nestle-Aland que utilizaremos sobre a Epístola aos Romanos contém 16 capítulos, e "na opinião da maior parte dos estudiosos este não levantou dúvidas quanto à sua autenticidade"[58]. Conforme a estrutura proposta por J.N. Aletti[59], nossa perícope se encontra no centro da carta, dentro da subdivisão que vai de Rm 5,1–8,39 sob a denominação de "o paradoxo do orgulho cristão. Rm 8 tem importância fundamental na carta, por se tratar de temática imprescindível para o Apóstolo Paulo que, durante seu ministério e em outras epístolas, externa diversas vezes a ação do Espírito Santo. James Dunn diz que Rm 8 é "inquestionavelmente o ponto alto da teologia do Espírito, de Paulo"[60].

Texto original	Versículo	Tradução[61]
ὅσοι γὰρ[62] πνεύματι θεοῦ ἄγονται[63]	14a	De fato, todos aqueles que **são conduzidos** pelo **Espírito** de Deus
οὗτοι υἱοὶ θεοῦ εἰσιν.	14b	esses **são** *filhos* de Deus.

---

58. SAMPAIO, B.A.C. *A noção de κληρονόμος nas epístolas paulinas aos Romanos e aos Gálatas*, p. 110.

59. ALETTI, J.N. *Romanos* – Comentário Bíblico Internacional, p. 1.416.

60. DUNN, J.D.G. *A teologia do Apóstolo Paulo*, p. 255.

61. Nossa tradução serguirá as orientações propostas por LIMA, M.L.C. *Exegese bíblica*: teoria e prática, p. 79.

62. A conjunção coordenada γάρ é traduzida aqui por "de fato", por causa do conteúdo do v. 13, que é apoiado pela afirmativa que segue intensificando a importância do Espírito na filiação como garantia antecipada da salvação futura.

63. Em português não se diferencia "conduzir" de "guiar", pois são palavras sinônimas. Entretanto no grego, a voz média que representa o verbo ἄγω declinado e intransitivo na perícope, por força do contexto, direciona o sentido para uma ação em conjunto, e não totalmente estática, na qual o indivíduo se deixa conduzir assumindo também o protagonismo interior em permitir a ação do Espírito. Essa é a fé do cristão. O verbo ἄγονται será mais trabalhado no comentário exegético (item 4.1.1), no qual adotamos a posição de WILCKENS, U. *La Carta a los Romanos 6-16* (II), p. 169.

οὐ γὰρ ἐλάβετε πνεῦμα δουλείας	15a	De fato, vós não **recebestes** um **espírito** de escravidão,
πάλιν[64] εἰς φόβον	15b	**novamente** para o medo
ἀλλὰ ἐλάβετε πνεῦμα υἱοθεσίας	15c	mas vós **recebestes** um **Espírito** de *filiação*,
ἐν ᾧ κράζομεν	15d	no qual **gritamos**:
Ἀββά ὁ πατήρ	15e	*Abba*, Pai.
αὐτὸ τὸ πνεῦμα συμμαρτυρεῖ τῷ πνεύματι ἡμῶν	16a	Ele, o **Espírito**, **testemunha** junto ao nosso **espírito**
ὅτι ἐσμὲν τέκνα θεοῦ.	16b	que **somos** *filhos* de Deus.
εἰ δὲ τέκνα, καὶ κληρονόμοι	17a	E se *filhos*, também herdeiros,
κληρονόμοι μὲν θεοῦ,	17b	herdeiros certamente de Deus,
συγκληρονόμοι δὲ Χριστοῦ	17c	isto é, coerdeiros de Cristo
εἴπερ συμπάσχομεν	17d	porque **junto com Ele sofremos**,
ἵνα καὶ συνδοξασθῶμεν.	17e	para que também **junto com Ele sejamos** glorificados.

A ordem das palavras na proposição "υἱοὶ θεοῦ εἰσιν / *filhos de Deus são*" do v. 14 é alterada em alguns testemunhos. Na primeira variante os testemunhos do *Vaticanus* (B-03, século IV), *Augiensis* (F-010, século IX), *Boernerianus* (G-012, século IX), códice Monza (m-86, século X), Vulgata edição *Stuttgartiensis* (vg[st], 1983), Orígenes (século III) e Pelágio (século V) alteram a ordem para "υἱοὶ εἰσιν θεοῦ / *filhos são de Deus*".

Na segunda variação composta pelos manuscritos de comentário (K-018, século IX), L (020, século IX), P (025, século

---

64. O advérbio de modo "πάλιν / novamente" sustenta a ideia do não retorno ao *status quo* (condição de escravos), o qual os fiéis haviam superado pela força do Espírito, e que pela inconstância cristã movida pelo medo, indicado com o acusativo masculino singular φόβον, encontravam-se necessitados de uma nova motivação. Com isso, o Apóstolo Paulo retoma a ideia do recebimento do Espírito de filiação em contrapartida ao espírito de escravidão, que encarcerava a população.

IX), *Athous Lavrensis* (Ψ-044, séculos IX/X), *Codex Colbertinus* (33, século IX), 104 (ano 1087), 1175 (século IX), 1241 (século XII), 1505 (século XII), 1881 (século XIV), 2464 (século IX), 𝔐 (texto Majoritário Bizantino), Vulgata, Edição Clementina (vg^cl, 1592), Irenaeus e tradução latina (Ir^lat, ano 395) alteram o texto para "εἰσιν υἱοὶ θεοῦ / *são filhos de Deus*".

Por sua vez, temos um grande grupo de testemunhos, dentre esses, três dos mais antigos e importantes, que apoiam o texto editado, a saber: *Codex Sinaiticus* (ℵ-01, ± 380), *Codex Alexandrinus* (A-02, século V), *Codex Ephraemi Syri Rescriptus* (C-04, século V), *Codex Bezae Cantabrigensis* (D-06, século V), 81 (ano 1044), 630 (séculos XII/XIII), 1506 (ano 1320), 1739 (século X), o Códice Latino (ar-61, século IX), o Códice Latino (b-89, séculos VIII/IX), *Ambrosiaster* (366-384) e *Speculum/Os-Augustine* (século V).

Após realizada a análise, concluímos que as variantes não mudam a substância do texto, pois ele mantém seu sentido original. É possível que as variações tenham sido feitas por questões de estilo, erros de cópia ou ditado, ou por própria influência do contexto anterior à perícope estudada com o intuito de "harmonizar com o genitivo θεοῦ, que conclui a maioria das frases (1,1; 2,3.5.29; 3,3.23; 5,2)"[65] e facilita a leitura. Assim sendo, o texto editado é o mais apropriado e o qual optamos.

Com relação ao v. 16, o aparato crítico indica a inclusão da conjunção ὥστε pelos testemunhos de *Codex Bezae Cantabrigensis* (D-06, século V) e a versão Siríaca Peshita (séculos IV/V). Tal acréscimo de uma conjunção subordinada pode ter

---

65. VASCONCELOS, F.A. *Abba ho Patēr* e *Syn-Construtos* – Formas antitéticas à idolatria; sincretismo em Rm 8,14-17, p. 113.

sido pela necessidade de conectar os versículos, facilitando a leitura corrente entre eles. Entretanto, os testemunhos são únicos no caso em tela; demonstrando, assim, que a maioria aprova o texto editado, não vendo imprescindibilidade da conjunção para facilitar a leitura. Portanto, a *lectio difficilior probabilior*[66] prevalece como opção provável.

Por fim, o papiro de Chester Beatty (î[46], antes da metade do século III), o manuscrito da Vulgata (vg[ms], séculos IV/V) e os manuscritos da versão Copta, do dialeto Sahídico ou Boháirico (sa[ms], a partir do terceiro século), omitem a conjunção καί, que tem sentido reforçativo ou aditivo, e que intensifica a situação daqueles que com Cristo sofrem para que com Ele sejam glorificados. Os testemunhos maiores que foram referidos na leitura de todo o aparato crítico da perícope não se pronunciam sobre o fato, levando a crer que a omissão manifestada pelos testemunhos acima não surtem efeitos modificativos no sentido do texto. Logo, concordamos com o princípio de que a *lectio difficilior probabilior*[67] de fato é a mais provável aqui. Portanto, optamos pelo texto editado da 28ª edição de Nestle-Aland.

3.3 Disposição retórica de Rm 8,14-17 no contexto imediato de Rm 8

Neste subtópico tabelamos a perícope da Carta aos Romanos com o intuito de estabelecer uma provável estrutura que nos conceda, no trabalho exegético da leitura particularizada, obter uma boa compreensão da mensagem que melhor representa o texto estudado:

---

66. GONZAGA, W. *A Sagrada Escritura* – A alma da Sagrada Teologia, p. 221.
67. Ibid.

Parte I	Segmento 1	14aα	A	ὅσοι γὰρ πνεύματι θεοῦ ἄγονται
		14bβ	B	οὗτοι *υἱοὶ θεοῦ* **εἰσιν**.
Parte II	Segmento 2	15aα	C	οὐ γὰρ **ἐλάβετε** πνεῦμα δουλείας
		15bβ	D	πάλιν εἰς φόβον
		15cγ	E	ἀλλὰ **ἐλάβετε** πνεῦμα *υἱοθεσίας*
	Segmento 3	15dα	F	ἐν ᾧ **κράζομεν**
		15eβ	G	*Ἀββά* ὁ πατήρ
Parte III	Segmento 4	16aα	G'	αὐτὸ τὸ πνεῦμα **συμμαρτυρεῖ** τῷ πνεύματι ἡμῶν
		16bβ	F'	ὅτι **ἐσμὲν** *τέκνα* θεοῦ.
Parte IV	Segmento 5	17aα	E'	εἰ δὲ τέκνα, καὶ κληρονόμοι
		17bβ	D'	κληρονόμοι μὲν θεοῦ,
		17cγ	C'	συγκληρονόμοι δὲ Χριστοῦ
	Segmento 6	17dα	B'	εἴπερ **συμπάσχομεν**
		17eβ	A'	ἵνα καὶ **συνδοξασθῶμεν**.

Com a aplicação do método da análise retórica e do método histórico crítico visualizamos uma divisão tripartida, com 6 segmentos. Na Parte I, que serve de introdução, encontra-se o *segmento* 1, apoiando o v. 13 que termina com o verbo "ζήσεσθε / *vivereis*", dando o sentido de continuidade ao contexto imediato de Rm 8 em toda a Carta aos Romanos.

A Parte II, composta pelos segmentos 2 e 3, inicia com o segmento trimembro 2, caracterizado pela contraposição em forma de *quiasmo* entre o "πνεῦμα δουλείας / *espírito de escravidão*" e "πνεῦμα υἱοθεσίας / *Espírito de filiação*", no qual o medo, fruto da escravidão, abre passagem para a virtude intrínseca da fé (confiança recebida pela adesão a Cristo). No segmento 3 o verbo "κράζομεν / *gritamos*", indicativo presente ativo 1ª pessoa plural do verbo κράζω, que está em consonância e consequência do ser conduzido pelo Espírito, do qual ressoa o hebraísmo *Αββά*.

Na Parte III, no segmento 4, identificado pelo versículo 16aα e 16bβ, relata a ação testemunhal apontada pelo verbo "συμμαρτυρεῖ / *testemunha junto*" ao nosso espírito a nossa filiação.

A perícope se conclui na Parte IV, que traz os segmentos 5 e 6. No segmento trimembro 5 Paulo expõe a consequência da nossa filiação dada pelo substantivo nominativo masculino plural "κληρονόμοι / *herdeiros*" e outra vez pelo adjetivo nominativo masculino plural "συγκληρονόμοι / *coerdeiros*". Já o segmento bimembro 6 apresenta as condições necessárias para participarmos da vida divina quando sofremos com Cristo e somos glorificados com Ele. Assim sendo, com a segmentação realizada e tendo obtido uma tradução de nossa perícope, chegamos à seguinte estruturação:

Parte I: a condução pelo Espírito gera filhos
• Segmento 1: (14aα e 14bβ)
Parte II: o Espírito e o grito *Αββά* – Pai
• Segmento 2: o espírito de escravidão e o Espírito de filiação (15aα, 15bβ e 15cγ)
• Segmento 3: o grito *Αββά* – Pai (15dα e 15eβ)
Parte III: o testemunho junto ao nosso espírito
• Segmento 4: (16aα e 16bβ)
Parte IV: sofrimento e glória
• Segmento 5: herdeiro de Deus e coerdeiro de Cristo (17aα, 17bβ e 17cγ)
• Segmento 6: sofremos juntos com Ele e glorificamos juntos com Ele (17dα e 17eβ)

3.4 Um tema desenvolvido em Rm 8,14-17 e crucial na Carta aos Gálatas

Para precisarmos a composição retórica no contexto imediato é importante reafirmar o que foi apresentado no tópico 3.1, que relata a disposição retórica de toda a Carta aos Romanos identificando o nosso texto na segunda metade da seção A; permitindo, assim, a retomada de alguns temas que foram citados na estrutura mas não devidamente detalhados por nós.

Conforme o estudado e o conteúdo disposto em Rm 8, não resta dúvidas de que a temática do Espírito Santo tem uma relevância crucial e é um dos temas mais caros ao Apóstolo, pois perpassa praticamente toda a sua obra magna[68]:

> Esta sessão pode ser subdividida em quatro partes, segundo a linha de pensamento. No primeiro estágio 8,1-13, Paulo toma em consideração o conflito entre a "carne" e o "Espírito". Uma vez reconhecida a vitória do Espírito, vem exposto em 8,14-17 tudo o que ganha o cristão: a filiação divina que o une a Deus. Não obstante essa situação ser segura, tudo permanece imperfeito até que Deus coloque um fim na história atual do mundo; é isto que sublinha a terceira parte (8,18-30), na qual descobrimos as perspectivas esca-

---

[68]. BARBAGLIO, G. *La teologia di Paolo*, p. 642: "A palavra πνεῦμα aparece 19 vezes neste capítulo, do qual é a palavra-chave; somente uma pesquisa estatística nos permitirá identificar o centro focal da perícope. A palavra 'espírito' ocorre 34 vezes em Romanos; porém, mais da metade apenas neste capítulo".
• FITZMYER, J.A. *La Lettera ai Romani*, p. 592: "Paulo vai além em sua explicação do tópico exposto em 5,1-11, mostrando qual a influência exercida do Espírito de Cristo na vida cristã. O Espírito não apenas habilita o cristão a fazer morrer as obras do corpo, não somente dá uma nova vida, mas estabelece para os homens uma relação com Deus no nível de filiação adotiva e de herança. Essa adoção, por sua vez, habilita o cristão a invocar Deus como 'Pai', sendo garantia do destino escatológico que o espera". • LÉGASSE, S. *L'Épître de Paul aux Romains*, p. 370.

tológicas do Apóstolo. Enfim, em 8,31-39, segundo o Apóstolo, começa um discurso em defesa do amor de Deus manifestado em Cristo.

Entretanto, essa temática não é somente referida no nosso texto, mas também na carta que o Apóstolo escreveu à comunidade dos Gálatas. Segundo Pitta, para colher a riqueza e originalidade de Rm 8,14-17 é necessário colocar estes versículos ao lado de Gl 4,6-7, pois parecem claramente correlacionados[69], com a vantagem de serem de duas cartas tidas como *autenticamente paulinas*[70], sendo chamadas também de *protopaulinas* (Romanos e Gálatas), em relação às *deuteropaulinas* e *pastorais*:

Rm 8,14-17	Gl 4,6-7
[14]De fato, todos aqueles que **são conduzidos** pelo **Espírito** de Deus, esses **são** *filhos* de Deus. [15]De fato, vós não **recebestes** um **espírito** de escravidão, novamente para o medo, mas vós **recebestes** um **Espírito** de *filiação*, no qual **gritamos**: *Abba*, **Pai**! [16]Ele, o **Espírito**, **testemunha junto** ao nosso **espírito** que **somos** *filhos* de Deus. [17]E se *filhos*, também herdeiros, herdeiros certamente de Deus; isto é, coerdeiros de Cristo, porque **juntos com Ele sofremos** para que também **juntos com Ele sejamos** glorificados.	[6]E porque vós sois *filhos*, enviou **Deus** ao nosso coração o **Espírito de seu Filho**, que clama: *Abba*, **Pai**! [7]De sorte que já não és escravo, porém *filho*; e sendo *filho*, também herdeiro por **Deus**.

---

69. PITTA, A. *Lettera ai Romani* — Nuova versione, introduzione e comento, p. 294-295.

70. GONZAGA. W. O *corpus paulinum* no cânon do Novo Testamento, p. 19-41.

A) Elementos de continuidade

1) Nos dois textos vemos a invocação da filiação: *Abba*, Pai, com a transliteração semítica e a tradução grega.

2) Em Gl 4,6 e em Rm 8,15-16 é expressa uma estreita relação entre o Espírito e a filiação, entre filiação e herança.

B) Elementos de descontinuidade

1) O processo diverso entre o grito e o Espírito, ou seja, em Gl 4,6 o Espírito clama em nós, já em Rm 8,15 nós gritamos no Espírito.

2) Acentuação relacional: em Gl 4,6 é mais explícita a relação entre Espírito e Filho de Deus, já em Rm 8,17 a acentuação é mais entre a herança de Cristo e a nossa.

C) Novidades em Rm 8,14-17 que não se encontram em Gl 4,6-7

v. 14: a condução é obra do Espírito;

v. 15a: a oposição entre o espírito do medo e o Espírito de filiação;

v. 16: o testemunho do Espírito de Deus ao nosso espírito;

v. 17b: a participação no sofrimento e na glória.

Por um lado, desta relação podemos colher algumas informações que corroboram com a temática do Espírito e da filiação nas duas Cartas; entretanto, por outro, há um claro desenvolvimento na Carta aos Romanos que demonstra o quanto foi importante para o Apóstolo Paulo esta comunidade e quão grande foi a necessidade de esmiuçar essas temáticas.

Os critérios que delineiam a continuidade mostram a consonância temática na qual são desenvolvidas as duas perícopes. Todavia, a dimensão da relação e colaboração humana é acentuada mais na Carta aos Romanos, na qual o Apóstolo dos Gentios indica a importância da ação do homem que, escolhendo viver conduzido pelo Espírito Santo, recebe no batismo a filiação que nos foi dada por Cristo Jesus, fazendo-nos participantes, hoje, do seu sofrimento para participarmos, amanhã, da sua glória nos céus.

Assim sendo, podemos acolher a opinião defendida por Pitta ao afirmar que as novidades propostas na Carta aos Romanos nos induzem a termos presente que no texto de Gl 4,6-7 se encontra a fórmula original de envio do Espírito, à qual Paulo desenvolve aqui, em Rm 8,14-17[71].

---

71. PITTA, A. *Lettera ai Romani*, p. 294.

4

Comentário exegético de Rm 8,14-17

4.1 A condução pelo Espírito gera filhos

4.1.1 v. 14aα

ὅσοι γὰρ πνεύματι θεοῦ ἄγονται [...] / *De fato, todos aqueles que são conduzidos pelo Espírito de Deus* [...]

O v. 14 começa com uma proposição didascálica em terceira pessoa: "ὅσοι γὰρ πνεύματι θεοῦ ἄγονται [...] / *De fato, todos aqueles que são conduzidos pelo Espírito de Deus* [...]". A pergunta retórica que podemos fazer no início da nossa reflexão é: Qual será a vida daqueles que no Espírito mortificam as obras da carne? Com a devida interrogação, podemos já entrar na reflexão tendo presente que toda a argumentação será orientada à herança (v. 17) e que há uma conexão com "ζήσεσθε / *vivereis*" (v. 13).

O pronome ὅσοι, plural de ὅσος, pode significar quantos, quão amplo (também no sentido de igualdade) e quão longo (também no sentido de tempo). No NT este termo aparece 110 vezes, quase sempre no nominativo ou acusativo. Pode ter valência de espaço (1), de tempo (2)[72]. Por exemplo[73]: 1) quando o autor de Ap 21,16 descreve o evento no qual o anjo mostra a Jerusálem messiânica. Aqui o pronome ὅσος é encontrado no nominativo: "καὶ ἡ πόλις τετράγωνος κεῖται καὶ τὸ μῆκος αὐτῆς ὅσον [καὶ] τὸ πλάτος / *A cidade era quadrangular: seu cumprimento é igual à largura*". 2) Neste caso, a respeito do discurso feito por Jesus (Mt 9,15) a respeito do Jejum, o pronome vem no acusativo: "καὶ εἶπεν αὐτοῖς ὁ Ἰησοῦς· μὴ δύνανται οἱ υἱοὶ τοῦ νυμφῶνος πενθεῖν ἐφ᾽ ὅσον μετ᾽ αὐτῶν ἐστιν ὁ νυμφίος; ἐλεύσονται δὲ ἡμέραι ὅταν ἀπαρθῇ ἀπ᾽ αὐτῶν ὁ νυμφίος, καὶ τότε νηστεύσουσιν / *Jesus respondeu-lhes: Por acaso podem os amigos do noivo estar de luto enquanto o noivo está com eles? Dias virão, quando lhes será tirado; então, sim, jejuarão*".

O termo ὅσοι pode obter um sentido de força restritiva: "somente aqueles que", como diz Lagran Michel[74] e como sugere o v. 13. Porém, pode obter também um sentido de força inclusiva: "todo aquele que", como defendem Cranfield[75], Schlier[76], Fitzmeyer[77] e Dunn[78]. Já Käsemann[79] faz prevalecer os dois significados; ou seja, dependendo da situação, podemos obter um ou outro significado.

---

72. RADL, W. *ὅσος*, p. 661.

73. Para os exemplos de citações bíblicas, serão adotados os textos de acordo com a tradução proposta pela Bíblia de Jerusalém.

74. LAGRAN MICHEL, apud FITZMYER, J.A. *La Lettera ai Romani*, p. 595.

75. CRANFIELD, C.E.B. *Carta aos Romanos*, p. 181.

76. SCHLIER, H. *La Lettera ai Romani*, p. 416.

77. FITZMYER J.A. *La Lettera ai Romani*, p. 595.

78. DUNN, J.D.G. *Romans 1–8*, p. 450.

79. KÄSEMANN, apud FITZMYER, J.A. *La Lettera ai Romani*, p. 595.

O termo ressoa como ambiguidade deliberada. Porém, é a dependência ao Espírito que decide se esta é uma afirmação com implicações inclusivas, além dos limites de Israel, e restritivas, determinadas pela extensão do Espírito fora do povo – ou seja, além dos limites do povo de Israel – atingindo, assim, outros povos.

Também muito importante é a ocorrência de γάρ, pois é a quarta conjunção do NT em ordem de frequência, depois de καί, δέ e ὅτι. É a segunda partícula causal. No complexo lexical encontra-se em 1.042 passos, especificamente em Mateus, nos escritos paulinos, em 2Pedro e em Hebreus, com significado de "de fato, porque, em seguida e portanto"[80].

A conjunção γὰρ indica uma relação causal entre duas expressões: aquela que prossegue, motiva ou explica aquela que precede. Com grande frequência pressupõe uma inexpressada e maravilhada reação do ouvir, na qual o entendimento pode ser deduzido da motivação ou ser usado também como reforço para uma pergunta. Porém, existem alguns casos nos quais, não obstante tantas tentativas, não é possível dar uma interpretação plausível sobre o verdadeiro sentido de γάρ; se é de reforço ou se é de motivação, como nos recorda Pridik[81].

Com γάρ ao início da frase, pode-se pensar que Paulo introduza a função que o Espírito Santo tem de guia para as mortificações[82] das ações do corpo àqueles que creem (v. 13). Diz Pitta que, não obstante essa conexão, a afirmação do v. 14 é pe-

---

80. PRIDIK, K.H. γὰρ, p. 628-629.

81. Ibid., p. 629-630.

82. FITZMYER, J.A. *La Lettera ai Romani*, p. 1.116: "A mortificação, mesmo sendo necessária para a vida do cristão, não é propriamente constitutiva. É, antes de tudo, o Espírito que anima, tornando o cristão ativo e o constituindo filho de Deus". • HENDRIKSEN, W. *Romanos*, p. 323.

culiar, sem referimentos explícitos a tudo o que podemos fazer por meio do Espírito. Por isso, aqui nos deparamos com uma sentença geral que introduz a relação entre o Espírito Santo e a nossa filiação divina, sem explicitar algum complemento de relação: como guiados, de onde e em que direção[83].

Quando falamos de guiados pressupomos a presença de alguém que guia. Assim, entramos no coração de nossa obra; pois o Espírito Santo é o protagonista da nova vida. O nosso texto exprime a pessoa do Espírito Santo com a palavra πνεῦμα e seus derivados, de modo particular πνεύματι[84].

A palavra πνεύματι vem de πνεῦμα; que, por sua vez, é derivada da palavra πνέω, que designa a força elementar da natureza e da vida: vento, sopro, respiro como princípio da vida, equivalente ao termo "ψυχή / *alma*", junto com matéria e acontecimento[85].

Dentro do contexto bíblico da Carta aos Romanos, sobretudo em Rm 8, sabemos que o Espírito Santo é um tema fundamental, pois o Apóstolo Paulo pode constatar várias vezes na sua experiência pessoal e nas comunidades com as quais ele teve contato, além de que também o "Espírito é a ponte de comunicação entre 'χάρη / *graça*' e 'πίστη / *fé*', o homem e Deus"[86].

Nesse ponto encontramos duas correntes que interpretam diversamente o ser guiado pelo Espírito. Uma é aquela de Pitta[87]

---

83. PITTA, A. *Lettera ai Romani*, p. 295.

84. TORTI, G. *La Lettera ai Romani*, p. 170: "πνεύματι é agente dativo".

85. KREMER, J. *πνεῦμα*, p. 1.011.

86. RAVASSI, G.F. *La Lettera ai Romani*, p. 52.

87. PITTA, A. *Lettera ai Romani*, p. 295: "Nesta sequência começa a relação com o modelo exodal: da escravidão à libertação, à eleição e participação na

e Zeller[88], que dá uma interpretação exodal ao texto, e outra é aquela de Légasse[89], que, não obstante encontrar vocabulários de caráter exodal, considera excessiva essa tipologia.

Ambrogio Spreafico, num comentário sobre o Livro do Êxodo[90], fala que a Páscoa marcou tanto a fé de Israel quanto a dos cristãos, pois esta se transformou, a partir da experiência, no coração da fé das tradições religiosas. A Páscoa manifesta a memória na qual o passado, o presente e o futuro se unem para

---

terra prometida. A escravidão do povo hebreu no Egito representa o contexto paradigmático histórico, tanto para a condição servil no exílio como no profetismo do AT; tanto para a escravidão sob o domínio do pecado como para todos aqueles que não estão em Cristo. Como Israel foi libertado do Egito, assim, os crentes são libertados do pecado e da morte, e essa liberdade leva à eleição. Ao transferir o modelo exodal para a vida cristã, somos guiados pelo Espírito porque fomos libertados da lei do pecado e da morte (Rm 8,2); e essa guia é expressa na filiação divina. O uso do verbo 'guiar' (são guiados), que encontra na linguagem familiar sua principal expressão ἄγονται ao absoluto, sem complementos, é devido ao modelo exodal: 'O Senhor o guiou sozinho, não havia deus estrangeiro com Ele' (Dt 32,12)".

88. ZELLER, D. *Lettera ai Romani*, p. 250.

89. LÉGASSE, S. *L'Épître de Paul aux Romains*, p. 504: "Falar sobre esse versículo de tipologia exodal é excessivo. I. de Pottery, que defende corretamente a exegese dinâmica de Rm 8,14, destaca em Rm 8 a presença de 'grandes temas do ciclo do êxodo usados tipologicamente [...]' para elaborar 'um afresco grandioso da salvação cristã'. Não se pode negar que a palavra δουλεια é uma daquelas que na Septuaginta designam a 'escravidão' egípcia ou que o verbo ἄγειν não é usado lá em conexão com a conduta dos hebreus no deserto. Os títulos de 'filho' e 'herdeiro' de Deus são aplicados a Israel, e, quanto ao Espírito, o Terceiro-Isaías o torna guia da marcha em direção à Terra Prometida. Mas pegar esses contatos e acumulá-los não significa atribuir a Paulo a ideia de um novo êxodo vivido pelos cristãos sob a ação do Espírito. Por um lado, de fato, essas noções e vocabulário não estão, na Bíblia grega, localizados apenas na estrutura exodal. Por outro lado, para Paulo e de acordo com sua teologia, a função do Espírito como constitutivo da filiação divina – este é o tema essencial aqui – não é exodal e nem mesmo propriamente bíblico, mas depende essencialmente da cristologia: do título e da qualidade de 'Filho de Deus' atribuído a Jesus pela primeira geração cristã seguindo uma analogia para aqueles que afirmam ser dele e estão unidos a Ele pela fé. A intervenção do Espírito, nesse caso, não se refere ao êxodo, mas aos anúncios proféticos da função do Espírito nos últimos tempos".

90. SPREAFICO, A. *El Libro del Éxodo*, p. 81.

afirmar o poder da salvação de Deus, que, com sua *Dicensus Dei*, liberta o homem da escravidão e da morte, proporcionando àquele que aderir a esta vida nova filiação divina. Partindo dessa certeza, parece-nos prudente ter presente que a opinião sustentada por Pitta[91] e Zeller[92] é mais plausível, com o processo de continuidade que liga um testamento ao outro no projeto de salvação da humanidade; não obstante, em seu comentário, não apresente, como Légasse[93], os vocabulários que correlacionam o nosso texto com a cultura exodal, pois o seu intuito é nos mostrar que todos aqueles que se deixam conduzir pelo Espírito Santo participam de uma vida nova, caracterizada pela filiação divina. Todavia, também podemos encontrar uma grande descontinuidade[94], sustentada por Légasse[95], quando nos recorda que o papel do Espírito Santo, enquanto ligado à filiação divina, é de fato dependente de Jesus, pois aqui não estamos falando de um homem qualquer (cf. Mt 1,20-23; Lc 1,30-31; 2,1-21), mas do Filho Unigênito de Deus, o Verbo Encarnado do Pai.

O texto indica que todos os que se deixam conduzir pelo Espírito são os mesmos que mortificam as obras do corpo. A mesma duplicidade e unidade encontramos em Gl 5,16.18: "πνεύματι περιπατεῖτε καὶ ἐπιθυμίαν σαρκὸς οὐ τελέσητε / *conduzi-vos pelo Espírito, e não satisfarei os desejos da carne*" e "εἰ

---

91. PITTA, A. *Lettera ai Romani*, p. 295. Cf. nota 82.

92. ZELLER, D. *Lettera ai Romani*, p. 250.

93. LÉGASSE, S. *L'Épître de Paul aux Romains*, p. 504. Cf. nota 85.

94. PITTA, A. *Lettera ai Romani*, p. 295-296: "Todavia, devido ao modelo exodal, não devemos cair em uma visão substituta, no sentido de que os cristãos tomariam o lugar do Israel de Deus; muito menos podemos ignorar a novidade da afirmação paulina que procede da orientação do Espírito à filiação divina".

95. LÉGASSE, S. *L'Épître de Paul aux Romains*, p. 504. Cf. nota 84.

[...] πνεύματι ἄγεσθε / *se [...] vos deixeis guiar pelo Espírito*". O agir do cristão é sempre um submeter-se e uma decisão de ser guiado pelo Espírito Santo, justamente porque o mesmo Espírito vive em nós pelo batismo e mortifica em nós as ações egoísticas, solicitando que nos deixemos guiar por Ele, pois tudo é feito nele e por Ele em nós. Fitzmyer declara que "ser guiados pelo Espírito é o modo pelo qual Paulo exprime o que depois os teólogos chamarão de *Gratia praeveniens*; ou melhor, a iniciativa que Deus assume em guiar a vida cristã"[96].

Para Käsemann[97], "ἄγονται não deve ser traduzido simplesmente como 'ser guiados', mas como ser conduzidos pelo Espírito". Deveras, o verbo ἄγω[98], que dá origem à voz ἄγονται, pode ser traduzido de outras formas, dependendo do contexto e do influxo da linguagem jurídica (At 18,12: "Γαλλίωνος δὲ ἀνθυπάτου ὄντος τῆς Ἀχαΐας κατεπέστησαν ὁμοθυμαδὸν οἱ Ἰουδαῖοι τῷ Παύλῳ καὶ ἤγαγον αὐτὸν ἐπὶ τὸ βῆμα / *Sendo Galião procônsul da Acaia, os judeus levantaram-se unanimemente contra Paulo e conduziram-no ao tribunal*"), da condução forçada (Mc 13,11: "καὶ ὅταν ἄγωσιν ὑμᾶς παραδιδόντες, μὴ προμεριμνᾶτε τί λαλήσητε [...] / *Quando, pois, vos levarem para vos entregar, não vos preocupeis com o que havereis de dizer* [...]"; cf. Lc 4,40; 10,34; 18,40; 22,54; Jo 7,45; 9,13; 10,16; At 5,26; 20,12), do valor intransitivo (Jo 11,7: "[...] ἄγωμεν εἰς τὴν Ἰουδαίαν πάλιν / [...] *vamos outra vez até a Judeia* [...]") etc. O verbo ἄγω pode ser traduzido como: "conduzir", "traduzir", "levar", "arrastar", "puxar" e "necessidade de ser conduzido" (Mt 21,2.7; Lc 19,30.35;

---

96. FITZMYER, J.A. *La Lettera ai Romani*, p. 594.
97. KÄSEMANN, apud ibid., p. 594. • HENDRIKSEN, W. *Romanos*, p. 325.
98. BORSE, U. *ἄγω*, p. 64-65.

At 8,32). Segundo Fitzmyer[99], a interpretação de Käsemann também não é segura:

> [...] de modo algum é segura, pois Schlier nos mostra que Paulo utiliza o verbo ἄγεσθε, somente em Gl 5,18, onde "ser guiados pelo Espírito" é paralelo a "caminhar segundo o Espírito" (Gl 5,16). Em todo caso, é esta a modalidade pela qual Paulo recorre para exprimir a influência ativa que exercita o Espírito de Cristo na vida daquele que crê; isto é, a reação dos cristãos guiados pelo Espírito.

Mesmo o verbo ἄγονται sendo apresentado na perícope na voz passiva, podemos assumir seu valor na voz média[100], obtendo o significado deixando-se conduzir pelo Espírito para corresponder o v. 14 com a terminação do v. 13b, que propõe ao cristão uma escolha e não interpretar como uma visão estática[101], sem movimento e contribuição do ser humano. Por essa razão, Wilckens ressalta: "como o mortificar é possível deixando-se conduzir pelo Espírito de Deus (no lugar de viver segundo a carne, v. 12), ζήσεσθε fundamenta-se mediante οὗτοι υἱοὶ θεοῦ εἰσιν / esses são filhos de Deus"[102].

4.1.2 v. 14bβ

> [...] οὗτοι υἱοὶ θεοῦ εἰσιν / [...] *esses são filhos de Deus*.

---

99. FITZMYER, J.A. *La Lettera ai Romani*, p. 594.

100. WILCKENS, U. *La Carta a los Romanos 6–16* (II), p. 169.

101. PENNA, R. *Lettera ai Romani*: Rm 6–11 (II), p. 159. Romano Penna adota a voz passiva no verbo conduzir; todavia, afirma que não implica uma inatividade ou inércia do cristão, pois o versículo precedente formula uma condição de escolha para o receptor da mensagem apostólica.

102. WILCKENS, U. *La Carta a los Romanos, 6-16* (II), p. 169.

A presença do Espírito guia e inspira a vida daqueles que creem, garantindo a eles a dignidade de filhos de Deus[103]. No AT, a filiação divina era um privilégio de Israel, enquanto povo eleito para viver a comunhão com Deus (Ex 4,2; Dt 32,6; Is 63,16)[104]. Schiler[105] e Cranfrield[106] afirmam que o objetivo do enunciado no v. 14 é explicar o termo ζήσεσθε, que será interpretado pelas palavras "são filhos de Deus".

O pronome demonstrativo "οὗτοι / esses" aparece 1.391 vezes no NT e indica o que existe diante daquele que fala ou escreve[107]. Este pronome é usado normalmente como indicação de um dado imediato (Mc 10,30: "[...] ἐὰν μὴ λάβῃ ἑκατονταπλασίονα νῦν ἐν τῷ καιρῷ τούτῳ οἰκίας καὶ ἀδελφοὺς καὶ ἀδελφὰς καὶ μητέρας καὶ τέκνα καὶ ἀγροὺς μετὰ διωγμῶν, καὶ ἐν τῷ αἰῶνι τῷ ἐρχομένῳ ζωὴν αἰώνιον / [...] *que não receba cem vezes mais desde agora, neste tempo, casas, irmãos e irmãs, mães e filhos e terras, com perseguições, e no tempo futuro a vida eterna*"; cf. Lc 18,30) e como indicativo do que está presente (1Cor 11,24: "[...] καὶ εὐχαριστήσας ἔκλασεν καὶ εἶπεν·τοῦτό μού ἐστιν τὸ σῶμα τὸ ὑπὲρ ὑμῶν·τοῦτο ποιεῖτε εἰς τὴν ἐμὴν ἀνάμνησιν / [...] *e, depois de dar graças, partiu-o e disse: Isto é o meu corpo, que é par vós; fazei isto em memória de mim*")[108].

Segundo A. Sacchi[109], no limiar da era cristã, designava-se sobretudo os justos como "filhos de Deus" (Sb 2,13). Depois

---

103. KERTELGE, K. *A Epístola aos Romanos*, p. 151.

104. DUNN, J.D.G. *Jesus y el Espíritu*, p. 557.

105. SCHLIER, H. *La Lettera ai Romani*, p. 416.

106. CRANFIELD, C.E.B. *Carta aos Romanos*, p. 180.

107. HOLTZ, T. *οὗτος*, p. 691.

108. Ibid., p. 691-692.

109. SACCHI, A. *Lettera ai Romani*, p. 137.

Jesus, por sua dignidade messiânica, é proclamado Filho de Deus de modo único e irrepetível (Rm 1,3-4). Entretanto, agora esta dignidade é doada pelo Espírito àqueles que creem nele e deixam-se guiar por Ele.

O termo "υἱοὶ / *filhos*" aparece 379 vezes no NT, é muito semelhante a "τέκνον / *criança, filho*", "παῖς / *jovem, filho*", "παιδίον / *jovem, filho*", "σπέρμα / *sêmen, descedência*". Este termo pode ser usado para falar de filhos carnais, de um nexo genealógico e como título cristológico. Com relação ao último uso do termo, existem três concepções[110]:

• a filiação de Jesus é fundada na relação com Deus como Pai;

• a constituição como filho de Deus é em sentido messiânico, concretizado no ofício de Salvador;

• a filiação divina comporta uma afirmação de essência sobrenatural divina.

Como vimos, o termo "υἱός / *filho*" pode designar filiação divina[111] ou humana. Concretamente, o que precisamos trabalhar é a primeira concepção, que nos permite participar da vida divina por intermédio de Jesus Cristo, o Filho Unigênito de Deus.

---

110. HAHN, F. *υἱός*, p. 1.688-1.691.

111. HURTADO, L.W. *Figlio di Dio*, p. 615-616: "A filiação divina de Jesus é um dos principais componentes da cristologia de Paulo, embora em suas cartas as referências a Jesus como o 'Filho' de Deus sejam consideravelmente menores do que as muitas designações de Jesus como 'Senhor' e 'Cristo'. Alguns disseram que a ideia da filiação divina de Jesus era a apropriação das tradições religiosas pagãs e que Paulo o apresentava de acordo com um modelo de divindades culturais greco-romanas, mas os testemunhos sobre o contexto religioso pagão e o uso por Paulo da linguagem do divino 'Filho' vai na direção oposta a essa afirmação. Paulo não usou principalmente a linguagem da filiação divina para afirmar a divindade de Jesus. Suas referências a Jesus como o 'Filho' de Deus expressavam essencialmente o *status* único de Jesus e seu relacionamento íntimo com Deus".

O AT conhece, além da designação dos seres celestes como "Filhos de Deus" e do uso messiânico de "Filho de Deus", um emprego do motivo da filiação divina referido a Israel (Ex 4,22: "Então dirás ao Faraó: 'Assim fala o Senhor: Meu filho primogênito é Israel. Eu te digo: Deixa partir meu filho para que me sirva [...]'")[112]. Já no âmbito do judaísmo helenístico essa tendência é mais clara, como demonstra Sb 2,13.18: "Declara ter conhecimento de Deus e se diz filho do Senhor; pois, se o justo é filho de Deus, Ele o assistirá e o libertará das mãos de seus adversários"[113].

Nos evangelhos sinóticos esse motivo aparece esporadicamente. Já na tradição joanina é claro que se trata de um bem salvífico presente: 1Jo 3,2a "[...] νῦν τέκνα θεοῦ ἐσμεν [...] / [...] *desde já somos filho de Deus* [...]", e que a vida na fé e no amor é a característica dessa realidade.

Nos escritos do NT atribuídos a Paulo, o título de Filho de Deus não é fixo nem frequente, pois aparece 17 vezes (Rm 1,3-4.9; 5,10; 8,3.29.32; 1Cor 1,9; 15,28; 2Cor 1,19; Gl 1,16; 2,20; 4,4.6; Ef 4,13; Cl 1,13; 1Ts 1,10) e nem sempre com a mesma ordem da palavra grega. Todavia, o que é importante para Paulo é a convicção de que Jesus é Filho de Deus. Isso significa que Jesus possui uma posição, um *status* e uma graça única junto a Deus[114]. Também a filiação divina vem proposta no final dos tempos como um bem prometido (Rm 8,18-19: "Penso, com efeito, que os sofrimentos do tempo presente não têm propor-

---

112. HAHN, F. *υἱός*, p. 1.699: "Os 2,1; Isaías, Jeremias, no Deutero/Terceiro Isaías e no Deuteronômio. Trata-se sempre da eleição de Israel e dos primorosos cuidados do Pai". – Aqui, a tradução adotada foi a da *Bíblia TEB* – Tradução Ecumênica da Bíblia.

113. HAHN, F. *υἱός*, p. 1.699.

114. HURTADO, L.W. *Figlio di Dio*, p. 620-621.

ção com a glória que deverá revelar-se em nós. Pois a criação em expectativa anseia pela revelação dos filhos de Deus").

Em Gl 4,4 Paulo sublinha que o Filho Divino aparece em forma humana ("γενόμενον ἐκ γυναικός / *nascido de mulher*")[115], o que provavelmente é uma alusão à ideia da encarnação do Filho "preexistente" (Jo 1,1-18); em sua dimensão humana e morte Ele liberta a humanidade da limitação da Torá, abrindo-se ao novo da revelação divina[116].

Muito frequente no NT é o nominativo "[ὁ] θεός / *Deus*", que aparece com ou sem o artigo determinativo. A práxis judaica de evitar o nome de Deus[117] por meio de um vocábulo é também encontrada no NT, mas não é aplicada sistematicamente, pois θεός não é o verdadeiro nome de Deus, mas um conceito predicativo que indica a divindade.

Na história das religiões, o termo θεός (Mt 16,16; 26,63; Jo 3,33; 6,57; 17,3; At 7,40; 8,9ss.; 12,22; 14,11ss.; 17,18ss.; 19,23ss.; Rm 1,18-23; 3,4; 15,6; 1Cor 8,4-6; 10,10; 2Cor 2,17; 3,3; 6,16; 11,31; Ef 3,2; Gl 1,1.3ss.; 4,8ss.; 1Ts 1,9; 1Jo 5,20; Ap 1,8) é ligado à doutrina sobre o Deus da idade helenística; contudo, com a diferença de acolher o monoteísmo e lutar contra o politeísmo. Por outro lado, a interpretação neotestamentária de Deus e do seu agir é o fundamento da separação entre o judaísmo e o cristianismo.

---

115. GONZAGA. W. "Nascido de mulher" (Gl 4,4), p. 1.194-1.216.

116. HURTADO, L.W. *Figlio di Dio*, p. 624.

117. FREEDMAN, D.N. יְהוָה, p. 622: "O tetragrama JHWH é o nome próprio do Deus de Moisés. A pronúncia correta do nome foi perdida na tradição judaica medieval. Já no final do segundo templo, o nome tornou-se sagrado como inefável e, portanto, foi decidido não pronunciar em público em voz alta, embora ainda fosse usado em particular". De modo geral, todos os conceitos da linguagem humana, todo o mundo da imaginação com os seus atributos podem ser aplicados a Deus somente em metáfora.

Do ponto de vista conceitual no NT, e de modo geral no mundo antigo, já se pressupõe historicamente a existência de Deus. Todavia, o termo θεός não indica propriamente a existência de Deus; senão, sua presença, sua epifania. Por esta razão, no culto o homem invoca Deus e experimenta a sua presença (1Cor 14,24ss.). O substantivo θεός pode ser aplicado também à divindade não cristã (At 7,40.43: "εἰπόντες τῷ Ἀαρών· ποίησον ἡμῖν θεοὺς οἳ προπορεύσονται ἡμῶν [...] καὶ ἀνελάβετε τὴν σκηνὴν τοῦ Μόλοχ καὶ τὸ ἄστρον τοῦ θεοῦ [ὑμῶν] Ῥαιφάν / *disseram a Aarão: faze-nos deuses que caminhem à nossa frente [...]. Entretanto, carregastes a tenda de Moloc e a estrela do deus Refã*"; cf. At 19,37; 2Ts 2,4)[118], a homens (At 14,11ss.: "οἵ τε ὄχλοι ἰδόντες ὃ ἐποίησεν Παῦλος ἐπῆραν τὴν φωνὴν αὐτῶν Λυκαονιστὶ λέγοντες· οἱ θεοὶ ὁμοιωθέντες ἀνθρώποις κατέβησαν πρὸς ἡμᾶς / *Vendo o que Paulo fizera, as multidões levantaram a voz em língua licaônica, dizendo: 'deuses em forma humana desceram até nós!*'"; cf. At 28,6); entretanto, essa perspectiva é rejeitada pois é fundamentalmente pagã. Por fim, como imagem negativa, tendo uma coisificação de Deus (Fl 3,19: "ὧν τὸ τέλος ἀπώλεια, ὧν ὁ θεὸς ἡ κοιλία καὶ ἡ δόξα ἐν τῇ αἰσχύνῃ αὐτῶν, οἱ τὰ ἐπίγεια φρονοῦντες / *Seu fim é a destruição, seu deus é o ventre, sua glória está no que é vergonhoso, e seus pensamentos no que está sobre a terra*"), na qual os deuses dos adversários são o ventre.

É quase impossível tentar exprimir de modo conciso e sintético o pensamento de Paulo sobre Deus; mesmo, se necessário, seria muito arriscado por esses motivos[119]:

---

118. BETZ, H.D. θεός, p. 1.619: "Conceitos como λεγόμενοι θεοί (1Cor 8,5) e τοῖς φύσει μὴ οὖσιν θεοῖς· (Gl 4,8) podem ser interpretados sobre a base da filosofia helenística da religião".

119. GUTHRIE, D. & MARTIN, R.P. *Dio*, p. 445-446.

- Primeiro, porque o pensamento de Paulo, aqui, primordialmente não é sistemático nem especulativo, mas os seus ensinos têm o objetivo de responder às necessidades das comunidades.
- Segundo, porque ele afirma sempre refletir o "pensamento de Cristo" (1Cor 2,16) e espera que os seus discípulos ou filhos na fé façam o mesmo.
- Terceiro, porque as cartas de Paulo foram escritas para as comunidades reunidas para o culto e devem ser lidas em voz alta (Cl 4,16; 1Ts 5,27).
- Quarto, porque grande parte da fé de Paulo pertencia às suas crenças judaicas e era a base das suas ideias e do seu modo de viver.

Enfim, a doutrina sobre Deus é fundamental em todo o *corpus* paulino. Existem muitas afirmações sobre Deus como "Pai e Criador" (Rm 1,20: sua realidade invisível, seu eterno poder e sua divindade tornou-se inteligível, desde a criação do mundo; 1Cor 8,6: para nós, contudo, existe um só Deus, o Pai, de quem tudo procede [...]; cf. 1Cor 11,12; Ef 3,9; Cl 1,16)[120], como "Rei e Juiz" (Rm 2,16: "no dia em que Deus, segundo o meu evangelho, julgará, por Cristo Jesus [...]"; 1Cor 15,24-28: "A seguir haverá o fim, quando Ele entregar o reino a Deus Pai [...]. Pois é preciso que Ele reine [...]")[121] etc.

---

120. Ibid., p. 448, que comenta sobre o Deus Criador, o Deus Rei e o Juiz na visão paulina: "Em suas cartas, Paulo distancia o Criador das criaturas, como em Rm 1,25. Além disso, diz-se que a criação reflete a obra do Criador (Rm 1,20). Isso porque é obra direta de suas mãos. Existem alegações específicas de que todas as coisas foram feitas por Deus (Rm 11,36; 1Cor 8,6; 11,12; Ef 3,9). Paulo reflete a mesma crença do AT de que a criação não é coeterna com o Criador e não é o produto de uma divindade inferior, como no agnosticismo. Deus é o autor de tudo o que existe, embora Paulo esteja, acima de tudo, preocupado com a expressão da eleição divina 'antes da fundação do mundo', indicando assim que o Criador existia independentemente da existência material da criação".

121. Ibid., p. 452-453, onde os autores comentam sobre a realeza de Deus e sua autoridade de Juiz: "A ideia da realeza deriva do poder criativo de Deus.

4.2 O Espírito e o grito Ἀββά – Pai

4.2.1 v. 15aα-5cγ

> οὐ γὰρ ἐλάβετε πνεῦμα δουλείας πάλιν εἰς φόβον ἀλλὰ ἐλάβετε πνεῦμα υἱοθεσίας [...] / *De fato, vós não recebestes um espírito de escravidão, novamente para o medo, mas vós recebestes um Espírito de filiação* [...]

Lexicalmente, a partícula οὐ aparece 1.612 vezes no NT e quer dizer "não". Esta partícula negativa pode ser usada como negação objetiva e como exclamação. O NT sublinha o aspecto decisivo de "não" como expressão de uma convicção e como clara manifestação da fé[122].

Paulo funda sua determinação dogmática deste modo: Jesus Cristo encarna o total sim de Deus ao mundo, à história e à humanidade. Deus, na encarnação do seu Filho, pronunciou "um sim de princípio" ao mundo e a cada homem. Dessa fé nasce a determinação também do não e da confiança que a autoridade apostólica deseja à comunidade[123].

Quando rezavam, os primeiros cristãos o reconheceram, voltando-se para Deus como 'Senhor soberano, que fez o céu e a terra, o mar e tudo o que há neles' (At 4,24). Ele criando, tem o direito de ordenar, enquanto a criatura não tem o direito de contestar as decisões do Criador. A soberania de Deus é inerente à sua atividade criativa. Paulo vê o ato final da história com a submissão de todos os inimigos de Deus – 'sob seus pés' (Rm 16,20; 1Cor 15,23-28). No pensamento do apóstolo há uma pequena e real distinção entre o Reino de Deus e o Reino de Cristo, se Cristo na parusia entregará o seu reino a Deus (1Cor 15,24), transformando assim o *Regnum Christi in Regnum Dei*. O que é central no pensamento de Paulo nesse contexto é a suprema soberania de Deus sobre todas as coisas. O conceito de rei está intimamente relacionado ao de juiz. Para Paulo, a ideia de Deus como juiz era parte integrante de seu evangelho (Rm 2,16); ele não duvidava, de fato, de que Deus julgaria o mundo (Rm 3,6), falando com confiança do 'tribunal de Cristo' (2Cor 5,10). Finalmente, é considerado correto e apropriado em Paulo que o rei divino exerça sua prerrogativa de julgamento. Mas é importante ver os julgamentos de Deus sob o prisma da cristologia de Paulo".

122. MÜLLER, P.G. οὐ, p. 667-669.

123. Ibid., p. 669.

Em nosso texto, o advérbio de negação οὐ vem como antítese da apresentação dos dois tipos de espírito, que representam os dois estados de vida: o da morte, caracterizado pela escravidão, e o da vida, caracterizado pela filiação adotiva.

O início do v. 15, introduzido por "γάρ / de fato", confirma e explica tudo aquilo que foi dito no versículo precedente.

Segundo Pitta[124], a relação entre Espírito e filiação divina é demonstrada por Paulo com a utilização da voz verbal ἐλάβετε: 2ª pessoa do plural do verbo λαμβάνω, que invoca a origem divina do Espírito, significando que foi enviado por Deus (Gl 4,6) e que está em continuidade com o envio de Jesus, seu Filho único.

O seu ambiente semântico é, antes de tudo, "tocar, pegar", em sentido pacífico ou violento. Podemos também encontrar esse termo aplicado a um estado de ânimo, à situação de doença e como um acolhimento espiritual.

Na LXX, λαμβάνω dá a mesma ideia da raiz hebraica לָקַח como também δέχομαι, que semanticamente é *"acolher e receber"*. Do amplo campo de significado e do uso em partes não específicas emergem dois dados fundamentais: o aspecto do movimento e da tensão exprime-se mais forte no "pegar e levar"; já a parte não tanto ativa exprime-se no "receber e acolher"[125]. O verbo λαμβάνω aparece 260 vezes no NT e significa "pegar", "receber", "tocar", "alcançar", "acolher" e "aferrar"[126].

---

124. PITTA, A. *Lettera ai Romani*, p. 294. • WILCKENS, U. *La Carta a los Romanos 6–16* (II), p. 169: "Somos filhos de Deus; isto significa que começamos a sê-lo ao receber no batismo o *Pneuma* como Espírito de filiação".

125. KRETZER, A. λαμβάνω, p. 148-149.

126. Ibid., p. 148.

Kretzer[127] diz que a multiplicidade de uso no NT do verbo λαμβάνω, a exemplo de Paulo e dos evangelhos, confirma a vasta tensão e o amplo significado do verbo. Não obstante, o mesmo se encontra concentrado em "receber e acolher", fazendo prevalecer a dimensão teológica significativa. Assim sendo, torna-nos claro o porquê do NT insistir em apresentar a relação do homem com Deus como a de um que recebe e um que doa.

Légasse[128] faz uma observação que parece importante tê-la em consideração para sanar as dúvidas sobre a origem do Espírito. A questão é que no v. 15 a palavra πνεῦμα vem citada duas vezes de modo contrastante, regida pelo mesmo verbo, gerando a pergunta: Aqui se trata verdadeiramente do Espírito de Deus? De fato, πνεῦμα, sendo regido pelo mesmo verbo, permite-nos intuir que os dois espíritos são da mesma natureza; contudo, como o Espírito de Deus não pode gerar a escravidão no homem em sentido negativo, a reflexão nos leva a crer que a incidência do versículo está na resposta[129] dada na adesão à vida nova recebida de Deus por intermédio do seu Espírito; que é o Espírito de Jesus, seu Filho único.

---

127. Ibid., p. 152.

128. LÉGASSE, S. *L'Épître de Paul aux Romains*, p. 505: "A expressão 'espírito de escravidão' está alinhada a associações das Escrituras como 'este espírito de ciúme' (πνεῦμα ζηλώσεως: Nm 5,14,30), 'espírito de negligência' (πνεῦμα ἀκηδίας: Is 61,3), 'espírito de fornicação' (πνεῦμα πορνείας: Os 4,12), 'espírito de erro' (πνεῦμα πλανήσεως: Jr 4,11). A ideia dos autores bíblicos antigos era de que nada escapava à ação de Deus; que essas disposições humanas, em última análise, derivavam dele. O mesmo ocorre no dualismo qumraniano, no qual os 'dois espíritos', um da 'verdade' e o outro da 'perversão', pertencem a um plano de Deus para cada ser humano (1QS 3,18-19)".

129. KREMER, J. πνεῦμα, p. 1.012. Em Kremer vemos a diversidade dos significados do uso de πνεῦμα.

Em Paulo, quando falamos em "πνεῦμα δουλείας / *espírito de escravidão*" [130], entendemos não somente o sentido negativo que a palavra supõe, mas sobretudo a dimensão de doação total a serviço de Deus. Para termos uma melhor noção do termo observemos como vêm interpretadas as palavras de raiz δουλ-. Elas aparecem complexivamente no NT 182 vezes e podem significar: "δουλεύω / *cumprir o serviço de escravo e servir*" (Lc 15,29; Rm 7,25; 1Tm 6,2); "δοῦλος / *escravo(a), submisso, servidor*" (Mt 24,45; Lc 12,43; Jo 15,15; Ef 6,8); "δουλεία / *escravidão*" (Rm 8,15; Gl 5,1)[131]; "δουλαγωγέω / *conduzir em escravidão*" (1Cor 9,27) etc.; ou seja, esta raiz põe sempre o acento "no servir como escravo", e, então, num serviço tido como dependência de um homem totalmente vinculado a um superior[132].

No AT e no judaísmo antigo[133] Deus é o Senhor absoluto. Aqui, o homem é totalmente dependente de Deus, e ser escolhido por Deus para servi-lo não é degradante, mas honroso. Para o dualismo gnóstico[134], as palavras derivadas dessa raiz servem para exprimir o serviço à matéria e às potências do mundo. Por sua vez, no NT, as palavras dessa raiz servem para indicar relacionamento de dependência e de serviço nos seguintes meios[135]:

- No estado de escravidão, como uma condição social: escravo doméstico (Mt 8,9); com relação a um filho (Gl 4,1); escravo livre (1Cor 12,13); escravo amigo (Jo 15,15).

---

130. WEISER, A. *δουλ-*, p. 927. • TORTI, G. *La Lettera ai Romani*, p. 171: "πνεῦμα δουλείας é um construto semitizante genitivo no lugar do atributo"; "Δουλείας era a condição na qual os cristãos se encontravam antes do resgate".

131. RUPPRECHT, A.A. *Schiavo, schiavitù*, p. 1.416-1.419.

132. WEISER, A. *δουλ-*, p. 927-928.

133. Ibid., p. 928.

134. Ibid.

135. Ibid., p. 929.

- No relacionamento de dependência e de serviço do homem para com Deus, que é Senhor absoluto (Ef 6,7; 1Pd 2,16).

Significativos são os escritos paulinos que apresentam essa raiz em diversos contextos, com os seguintes significados[136]:

- Os cristãos, por meio do batismo, são libertados das potências escravizantes do pecado, da lei, da morte, do cosmo e livres para serem filhos.

- O fato de serem filhos significa que estão a serviço de Deus, de Cristo, da justiça, do próximo na "nova realidade do Espírito" (Rm 7,6), e não de uma liberdade autônoma e dissoluta.

- Para Deus a vida do escravo tem o mesmo valor que a vida de quem é livre, pois todos têm as mesmas responsabilidades diante dele.

- Paulo chama a si mesmo e a seus colaboradores de servos de Cristo ou de Deus.

- No hino pré-paulino de Filipenses diz-se de Jesus Cristo: "Ele tinha a condição divina, e não considerou o ser igual a Deus como algo a que se apegar ciosamente. Mas esvaziou-se e assumiu a condição de servo" (Fl 2,6-7).

O advérbio πάλιν indica que Paulo pensa que os seus leitores retornaram ao regime que tinham abandonado; isto é, retorno à impotência ou à ἀκρασία[137], "intemperança" (Mt 23,25; 1Cor 7,5), na qual os homens se encontravam na condição de escravos (Rm 7,7-25), antes da ação libertadora do Espírito. O termo πάλιν aparece 141 vezes no NT e pode significar: "novamente", "atrás", "ainda", "de novo" e "da outra parte".

---

136. Ibid., p. 934.

137. PITTA, A. *Lettera ai Romani*, p. 296.

O regime de escravidão levaria os homens à "φόβια / medo". Schlier[138] sustenta que nesse caso φόβος deve ser entendido em sentido radical. Não indica uma realidade particular na qual se tem medo, nem sequer um respeito e reverência filial a Deus, mas à angústia ligada à situação de "δουλεία / escravidão" por causa da situação da lei, do pecado e da morte que Paulo descreveu em Rm 6–7[139].

No NT, a palavra "φόβος / medo, ânsia, respeito" aparece 47 vezes: 14 vezes nos evangelhos, 5 vezes nos Atos dos Apóstolos, 12 vezes nos escritos paulinos e 16 vezes nos escritos não paulinos (1Pedro, 1João e Apocalipse)[140]. Assim também ocorre com o verbo que significa "temer", conforme o contexto[141]:

> Terror (pânico); de temor diante de um evento incompreensível; de temor como comportamento fundamental diante de Deus e nos relacionamentos de submissão desejada por Ele no sentido de respeito; e, por fim, de medo diante uma ameaça e de uma punição.

O temor pode, de um lado, ser visto como potência autônoma que "ἐπιπίπτω / golpeia", "πληρόω / enche", "λαμβάνω / aferra", "συνέχω / oprime" e envolve homens; já, por outro lado, constitui uma íntima reação ou emoção, às quais segue um determinado agir e evento. Somente o Evangelho de João usa φόβος exclusivamente em sentido teológico não específico para designar

---

138. SCHLIER, H. *La Lettera ai Romani*, p. 417-418.

139. PENNA, R. *Lettera ai Romani*: Rm 6-11 (II), p. 163. De fato, o advérbio "novamente" indica que o medo pertence a razões do passado.

140. BALZ, H. *φόβος*, p. 1.814-1.815.

141. Ibid., p. 1.815.

o temor que os seguidores ou os discípulos de Jesus tinham dos judeus[142].

Em Paulo, a palavra "φόβος / medo" pode ter tanto um significado positivo como negativo. Assim, retomando uma tradição antigo-testamentária-judaica, ele afirma que os homens sem temor de Deus estão sob a potência do pecado. Por isso, o próprio Paulo, no serviço apostólico, é influenciado por "φόβος τοῦ κυρίου / temor do Senhor"; ou seja, é envolvido, tomado e ao mesmo tempo estimulado a ter confiança[143].

Ao contrário do que propõe o espírito de escravidão, Paulo, com superlativa beleza, indica, no v. 15, que recebemos o Espírito de adoção[144], que nos une a Cristo possibilitando crer nele e, assim, tornando-nos partícipes da sua filiação (Mt 5,9; 6,9; Lc 6,35; 20,36; Jo 1,12; 3,3.5; Rm 6,4; 8,14-17.29; 9,4; Gl 3,26; 4,5ss.; Ef 1,5; Tt 3,5; Hb 12,5-12; 1Pd 1,3; 2,2; 2Pd 1,4; 1Jo 3,1-2). O vocábulo grego que manifesta essa filiação[145] é υἱοθεσία. No mundo grego o termo significa aceitação como

---

142. Ibid., p. 1.815-1.816.

143. Ibid., p. 1.816-1.817.

144. PENNA, R. "Non uno spirito da schiavi per ricadere nella paura (Rm 8,15)", p. 148.

145. LÉON-DUFOUR, X. *Hijo de Dios*, p. 386-387: "Nos sinóticos, a filiação adotiva de que o AT já falava foi repetidamente afirmada: Jesus não somente ensina aos seus a chamarem a Deus de 'Pai nosso', como também deu o título de 'filho de Deus' aos pacíficos, aos caridosos e aos justos ressuscitados. A doutrina dos escritos joaninos tem exatamente o mesmo tom. – É preciso renascer da água e do Espírito, disse Jesus a Nicodemos. É que, de fato, para aqueles que acreditam em Cristo, Deus lhe dá poder de se tornarem filhos de Deus. Essa vida de filhos de Deus é para nós uma realidade atual, mesmo quando o mundo a ignora. Chegará um dia em que isso será manifesto abertamente, e então seremos semelhantes a Deus porque o veremos tal como Ele é. Portanto, já não é apenas um título que mostra o amor de Deus por suas criaturas: o homem participa da natureza daquele que o adotou como filho".
• MILLOS, S.P. *Romanos*: Comentario Exegético al Texto Griego del NT. Barcelona: Clie, 2011, p. 623.

filho, e não existe fonte de ocorrência desse vocábulo antes do século II a.C.

Na Grécia antiga[146] nem sempre a adoção era ligada a uma rígida formalidade. Por exemplo, no direito da cidade cretense de Gortina a adoção devia ser feita no mercado, na presença de um grupo de cidadãos da alta tribuna do orador. Um particular é que as normas consentiam a adoção também da parte de quem tinha descendentes masculinos. Em Atenas a "ποίησις / *adoção*" parece prevista somente em caso de falta dos descendentes, sendo permitida somente a adoção de cidadãos áticos de legítima descendência[147].

Na LXX não encontramos o conceito de adoção. No NT, o vocábulo vem usado unicamente para indicar a assunção a Filho de Deus em Paulo. A indicação do termo como filiação é entendida não como um fato natural, mas como uma superlativa grandeza do dom de Deus, que nós devemos sempre agradecer por tal gratuidade que recebemos somente pela fé. Conforme Fitzmyer[148], Paulo aplica o termo υἱοθεσία do mundo grego no seu tempo, na vida com os judeus e com os cristãos:

---

146. MARTITZ, P.W. *υἱοθεσία*, p. 269.

147. Ibid., p. 269.

148. FITZMYER, J.A. *La Lettera ai Romani*, p. 596. Ao abordar teologicamente a filiação adotiva, Fitzmyer, recorrendo à ajuda de Michel, diz: "Para Paulo, υἱοθεσία indica uma condição específica. Em virtude da fé, os cristãos batizados foram acolhidos na família de Deus, entraram sob a *patria potestas* do próprio Deus e adquiriram o *status* de filhos legítimos nessa família; não apenas a condição dos escravos (que também pertencia à família antiga), mas aquela de filhos. A filiação adotiva é uma expressão da liberdade dos batizados, que não devem reconhecer outro elo que não seja a vontade de Deus, na convicção de que Ele se entregou ao homem e na confiança que advém de seu ser como Pai. Portanto, a atitude dos cristãos deve corresponder à condição da qual são privilegiados a participarem".

Em Rm 9,14 Paulo usa o termo em relação a Israel, no sentido amplo, para indicar a filiação global e corporativa do povo escolhido. Normalmente, no AT não se fala de adoção. Os únicos textos que parecem tocar na perspectiva de adoção são Gn 15,2; 48,5; Jr 3,19 e 1Cr 28,6. No posterior judaísmo rabínico fala-se de homens que tomam conta de filhos de outros pais; porém, não existe uma certeza se a esses filhos sejam reconhecidos todos os direitos legais que possuem os verdadeiros filhos.

Para Wilckens[149], a filiação era apresentada para os israelitas na cultura veterotestamentária judia com a proposição "υἱοὶ θεοῦ / *filhos de Deus*", e com Cristo a filiação se estende para todos cristãos (provindos do judaísmo e do paganismo). Talvez por isso foi usado pelo Apóstolo Paulo o termo υἱοθεσία, de origem helenística, dando a possibilidade de abertura a outros povos para serem filhos adotivos de Deus, por intermédio do batismo.

O texto de Rm 8,19 mostra que a espera escatológica tem um papel essencial, visto que a criação espera a manifestação dos "υἱοὶ τοῦ θεοῦ / *filhos de Deus*". Em Rm 8,23, fala-se de υἱοθεσία no sentido da redenção do corpo. Não obstante estas citações, vale ressaltar que, para Paulo, a filiação não é um bem salvífico exclusivamente do futuro, mas um bem presente, como encontramos em Rm 8,14: "ὅσοι γὰρ πνεύματι θεοῦ ἄγονται, οὗτοι υἱοὶ θεοῦ εἰσιν / *De fato, todos aqueles que são conduzidos pelo Espírito de Deus, esses são filhos de Deus*"[150]. Os crentes receberam o "Espírito de filiação", e, por isso, podem gritar:

---

149. WILCKENS, U. *La Carta a los Romanos* 6–16 (II), p. 170.

150. ALTHAUS, P. *La Lettera ai Romani*, p. 165: "No ser filhos se reúne toda dignidade e a verdadeira salvação dos que acreditam. A certeza de ser filho coincide com a certeza de ser salvo. Tudo depende da certeza de nossa adoção".

"Ἀββά / *Pai*" (Rm 8,15). Com isso, o Espírito confirma que nós somos "τέκνα θεοῦ / *filhos de Deus*" e, como tais, "κληρονόμοι / *herdeiros*", e como "συγκληρονόμοι / *coerdeiros*" de Cristo vamos ao encontro da glória futura (Rm 8,16ss.).

4.2.2. v. 15dα-15eβ

[...] ἐν ᾧ κράζομεν·Ἀββά ὁ πατήρ. / [...] *no qual gritamos:* Abbá – Pai!

O conteúdo expresso em "ἐν ᾧ κράζομεν Ἀββά ὁ πατήρ / *no qual gritamos:* Abbá – Pai" é a consequência da vida no Espírito[151], tanto que Paulo utiliza um verbo que implica uma participação intensa do sujeito que a exprime. Essa familiaridade nos deu o Espírito de Deus que vive dentro de cada cristão, permitindo realizar esse apelo em direção ao Eterno Pai.

Relacionando o texto de Gálatas ao de Romanos observamos duas realidades: na primeira, confirmamos que de fato Paulo, na Carta aos Romanos, desenvolve a explanação sobre o relacionamento do Espírito com o homem da Carta aos Gálatas; e na segunda, encontramos uma reciprocidade[152] entre o Espírito e o homem.

---

151. MAZZAROLO, I. *A Carta aos Romanos*, p. 103.

152. PITTA, A. *Lettera ai Romani*, p. 297. Com relação à última observação Pitta recorda: "Da comparação com Gl 4,6 se destaca imediatamente a mudança do processo no relacionamento entre o Espírito e o clamor: agora, não é mais o Espírito que clama em nós, mas nós clamamos no Espírito. Por causa da participação com Cristo e com o Espírito, ambos os movimentos são significativos: o Espírito clama em nós porque está em nós, como presença permanente de Cristo; clamamos no Espírito porque estamos no Espírito (Rm 8,9), como estamos em Cristo. A mudança de movimento deve-se precisamente à acentuação de estar no Espírito e na relativa participação, própria de Rm 8,1-13, enquanto que em Gl 4,17 Paulo ainda não havia desenvolvido esse aspecto relacional entre os crentes e o Espírito".

O verbo κράζω[153] quer dizer *"gritar / proclamar"*, e aparece 55 vezes no NT: 30 vezes nos evangelhos, 11 vezes em Atos dos Apóstolos, 2 vezes nos escritos paulinos (Rm 8,15; Gl 4,6), 1 vez em Tg 5,4 e 11 vezes no Apocalipse. Este verbo, normalmente em sentido pleonástico, indica um gritar vazio e incompreensivo (Mt 14,26; 27,50; Mc 5,5.7; 9,26; 15,39; Lc 9,39; At 7,57.60; Gl 4,16; Ap 10,3; 12,2). Entretanto, junto com o verbo "λέγω / dizer" introduz um enunciado (Mt 8,29; 9,27; 15,22; 20,30-31; 21,9.15; 27,23; Mc 3,11; 5,7; 10,47-48; 11,9; 15,13-14; Lc 4,41; 18,39; Jo 12,13) ou uma declaração que Jesus faz de si mesmo (Jo 7,28.37.40; 12,44).

Segundo Fendrich[154], Rm 8,15 e Gl 4,6 afirmam que o Espírito de filiação faz o crente gritar *"Ἀββά* / Pai"[155]. No ponto de vista de Käsemann[156], Paulo faz alusão a uma situação cultual. O grito *Ἀββά*[157] da comunidade é inspirado pelo "πνεῦμα / espírito" que torna possível a relação de filiação e motiva todo aquele que crer a confessar a sua fé no Cristo, mestre e Senhor, que pela sua morte e ressureição redimiu toda a humanidade.

---

153. FENDRICH, H. κράζω, p. 90-92.

154. Ibid., p. 91.

155. BRUCE, F.F. *Romanos*, p. 134. • VANNI, U. *Lo Spirito e la libertà secondo Paolo*, p. 178.

156. KÄSEMANN, apud FENDRICH, H. κράζω, p. 91.

157. LUTERO, apud BRUCE, F.F. *Romanos*, p. 135: "Esta é uma palavra tão pequenina, e, no entanto, abrange todas as coisas. A boca não fala assim, mas o afeto do coração fala desse modo. Ainda que eu seja oprimido pela angústia e terror de todo lado, e pareça estar abandonado e ter sido totalmente expulso da tua presença; contudo, sou teu filho, e Tu és meu Pai, por amor de Cristo: sou amado por causa do Amado. Por conseguinte, esta pequena palavra Pai, concebida efetivamente no coração, sobrepuja toda eloquência de Demóstenes, de Cícero e dos mais eloquentes retóricos que já houve no mundo. Essa matéria não se expressa com palavras, mas com gemidos; gemidos que não podem ser proferidos com palavras ou com oratória, pois nenhuma língua os pode expressar".

Para Torti[158], o significado preciso do verbo no presente contexto é discutível. Entretanto, Althaus assegura que para Kuss o verbo vai do forte grito estático isolado à "oração em alta voz com tom de confiança e alegria, contrapondo-se, segundo Paulo, à oração dos judeus que, por tradição, devia ser murmurada; isto é, sinal do espírito de quem é servo"[159].

No aramaico antigo *Αββά* é um vocábulo próprio da linguagem infantil[160] que significa "papai". Mas na época neotestamentária o uso não era mais limitado à linguagem das crianças[161], dado que também era usado pelos filhos adultos e servos quando se direcionavam aos anciãos. Desse modo, em hebraico esta palavra recebe a conotação não somente de "meu Pai", mas de "seu Pai e nosso Pai"[162].

Na literatura protocristã, *Αββά* aparece 2 vezes em Paulo (Gl 4,6 e Rm 8,15) e uma vez no Evangelho de Marcos (Mc 14,36) como termo usado para direcionar-se a Deus. No judaísmo antigo não se encontra *Αββά* como termo de direcionamento a Deus, mesmo que a invocação coletiva Pai-nosso foi

---

158. TORTI, G. *La Lettera ai Romani*, p. 172.

159. KUSS, apud ALTHAUS, P. *La Lettera ai Romani*, p. 167. • PERROT, C. *Epístola aos Romanos*, p. 69. Para este autor, a oração aqui "não é simplesmente uma palavra, mas é verdadeiramente um ato. É o próprio Deus que, através do seu espírito, provoca essa ação. Oração não é mais uma magia para extorquir o impossível, é um dom de Deus".

160. TORTI, G. *La Lettera ai Romani*, p. 172: "No original aramaico '*abb*' era uma forma sem flexão de linguagem infantil; num segundo momento foi suplantado o vocábulo '*abî*', sendo substituído pelo 'estado enfático' '*ab¹*' ('o pai'), passando depois a significar seu Pai e nosso Pai". • KUHN, H.W. *Αββά*, p. 1.

161. PENNA, R. *I Ritratti originali di Gesù il Cristo*, I, p. 116. • KUHN, H.W. *Αββά*, p. 2. • HENDRIKSEN, W. *Romanos*, p. 328.

162. KUHN, H.W. *Αββά*, p. 2.

testemunhada em duas orações judaicas[163]. Com relação às cartas de Paulo, Kittel afirma[164]:

> O uso do termo aramaico nas cartas de Paulo, escritas em grego, pode ter sido originado de umas reminiscências litúrgicas ou talvez repete o início do Pai-nosso. Destarte, é certo que o uso da palavra na Igreja primitiva se restabelece na definição de Deus dada por Jesus e indica a adesão ao novo relacionamento entre Deus e o homem pregado e vivido por Cristo. O confronto do mesmo termo com o uso judaico mostra como o conceito cristão de filiação entre o homem e Deus é mais íntimo do que todas as concepções judaicas, também porque se apresenta como realidade absolutamente nova.

Dentro da teologia paulina, a concepção de Deus que mais se salienta é a de Pai. Na literatura paulina, a paternidade de Deus é vista de três modos: é o Pai de Jesus (1Cor 1,9), é o Pai dos cristãos (2Cor 1,2) e é o Pai de toda a criação. Nesse sentido podemos encontrar muitas citações: nas saudações iniciais das cartas de Paulo, nas quais ele sempre descreve Deus como Pai (Rm 1,7; 1Cor 1,3; Fl 1,2), quando o relaciona com Jesus (2Cor 1,3; Ef 1,3; Cl 1,3) e também quando fala da glória (Gl 1,5; Ef 1,6; Fl 1,11)[165].

Para Paulo, a paternidade de Deus significa, para aquele que crê, a fonte da vida espiritual e a certeza do seu amor: Deus se preocupa pelo bem do homem e pelo seu crescimento, conforme o seu amor e a sua santidade. Aliás, para Paulo, o amor

---

163. Ibid.
164. KITTEL, G. *Αββά*, p. 18. Cf. JEREMIAS, J. *Αββά*, p. 56-57.
165. GUTHRIE, D. & MARTIN, R.P. *Dio*, p. 450.

é o que plenifica tudo: "a plenitude da Lei se cumpre no amor ao próximo" (Rm 13,8-10; Gl 5,14)[166]. Pitta afirma "que, por causa da participação no Espírito como expressão eclesial daquela em Cristo, os crentes passam a ser, em pleno título, filhos de Deus, com tudo aquilo que tal relação determina e em vista da herança que herdam os filhos"[167].

4.3 O testemunho junto a nosso espírito

4.3.1 v. 16aα-16bβ

> αὐτὸ τὸ πνεῦμα συμμαρτυρεῖ τῷ πνεύματι ἡμῶν ὅτι ἐσμὲν τέκνα θεοῦ. / *Ele, o Espírito, testemunha junto ao nosso espírito que somos filhos de Deus*.

Para dar continuidade ao versículo precedente é importante sanar o problema que pode causar a interpretação do verbo "συμμαρτυρεῖ / *testemunhar junto*", por causa do prefixo συν-, que coloca no centro da questão o homem como independente, que sem a ajuda do Espírito poderia chegar a ser filho de Deus. Por isso, o verbo συμμαρτυρεῖ não deve ser traduzido como "testemunhar junto com alguém", mas sim como "testemunhar alguém"[168].

O vocábulo "μάρτυς / *testemunha*" pertence, provavelmente, à raiz do hebraico עוּד, que pode significar "pensar, recordar-se, estar preocupado". Manifesta uma pessoa que recorda

---

166. GONZAGA, W. *O amor de Deus e do próximo na* Gaudium et Spes *16 e 24*, p. 15-39. • GONZAGA. W. *A via caritatis como incansável prática do bem [AL 306 (Gl 5,14) e AL 104 (Gl 6,9)]*, p. 47-67.

167. PITTA, A. *Lettera ai Romani*, p. 298.

168. FITZMYER, J.A. *La Lettera ai Romani*, p. 597-598. • SCHLIER, H. *La Lettera ai Romani*, p. 420. • SACCHI, A. *Lettera ai Romani*, p. 137. • PITTA, A. *Lettera ai Romani*, p. 298-299. • CRANFIELD, C.E.B. *Carta aos Romanos*, p. 184.

e que, recordando, atrai conhecimento de alguma coisa e, por isso, pode dar notícia; ou seja, testemunhar. Também o verbo μαρτυρεῖ significa "ser testemunho, dar testemunho, testemunhar alguma coisa"[169]. Aliás, o termo μαρτυρ é o equivalente grego do termo hebraico עֵד, que a LXX traduz geralmente como μάρτυς (cf. Ml 3,5). Este termo עֵד é que se conecta à raiz עוד, que, segundo Alonso Schökel, tem sentido de "dar testemunho, testemunhar, dar fé"[170].

No grego extrabíblico[171], o μάρτυς tem seu campo particular de aplicação na jurisprudência e designa aquele que por experiência pessoal é preparado para depor, pelo fato de que tem parte direta, pois assistiu ao evento que aconteceu com a pessoa ou tem conhecimento da situação. O ato de testemunhar é expresso normalmente pelo verbo μαρτυρεῖ. Como testemunhar é uma realidade ampla, esse vocábulo pode ter, além do uso jurídico, o aspecto de testemunho, de verdade e de opinião[172].

O v. 16 é caracterizado pelo verbo composto "συμμαρτυρεῖ / *testemunhar juntos*", que colocará o acento da reflexão na meditação do versículo precedente, no qual o Espírito Santo, doador da vida nova, dá a capacidade ao homem de adquirir a "γνῶσις υἱοὶ θεοῦ ἔστιν / *conhecimento de Filhos de Deus*", já que, quando o cristão, na oração[173], reconhece e confessa o seu relacionamento com o Pai, ele grita inspirado pelo mesmo Espírito "*Ἀββά /*

---

169. STRATHMANN, H. *μάρτυς*, p. 1.273-1.274.

170. ALONSO SCHÖKEL, L. *Dicionário Bíblico*: Hebraico-português, p. 479 e 481.

171. STRATHMANN, H. *μάρτυς*, p. 1.275-1.277.

172. Ibid., p. 1.269.

173. SCHLIER, H. *La Lettera ai Romani*, p. 420. • SACCHI, A. *Lettera ai Romani*, p. 138.

Pai", revelando assim sua filiação; seu espírito é "confortado e ajudado"[174] fazendo-o participante da vida de Cristo[175] (paixão, morte e ressurreição) e destinando-o à sua glória.

O verbo συμμαρτυρεῖ, de acordo com Sófocles, Eurípedes, Isócrates, Xenofontes, Plutarco e os papiros[176], é um composto de uso corrente que aparece no NT somente em Rm 2,15; 8,16 e 9,1. O vocábulo, antes de tudo, como derivado de μαρτυρεῖ, significa "testemunhar juntos". Com o passar do tempo, a referência ao significado fundamental se perde e συμμαρτυρεῖ passa a significar simplesmente confirmar qualquer declaração ou afirmação de outro fato ou opinião[177].

Em Rm 8,16, a frase singular "αὐτὸ τὸ πνεῦμα συμμαρτυρεῖ τῷ πνεύματι ἡμῶν ὅτι ἐσμὲν τέκνα θεοῦ" pode ser entendida como *"o mesmo Espírito testemunha de acordo com nosso espírito que somos filhos de Deus"*. O divino "πνεῦμα / Espírito" confirma o que já disse "τὸ πνεῦμα ἡμῶν / o nosso espírito"[178]. O primeiro πνεῦμα é o "πνεῦμα υἱοθεσίας / *Espírito de adoção*", ou *"Espírito de filiação"*: graças a Ele, recebemos a dignidade de sermos filhos de Deus e a possibilidade de invocar Deus como Pai (Rm 8,14). Ao lado desse está "o nosso espírito"; melhor dizendo, o nosso "eu espiritual", o νοῦς, aquele no qual chamamos alma[179].

---

174. SCHLIER, H. *La Lettera ai Romani*, p. 421.

175. ZELLER, D. *Lettera ai Romani*, p. 251: "Assim, agora, como participamos de sua dor, participaremos também de sua glória. A partilha do sofrimento é a realidade presente; entretanto, também é o pressuposto da glorificação futura, que é novamente sua meta objetiva".

176. Sófocles, Eurípedes, Isócrates, Xenofontes, Plutarco, Papiros, apud STRATHMANN, H. συμμαρτυρεῖ, p. 1.374.

177. STRATHMANN, H. συμμαρτυρεῖ, p. 1.374.

178. Ibid., p. 1.376.

179. Ibid., p. 1.374.

Se συμμαρτυρεῖ é visto em sentido estreito, pode-se dizer que aqui já existe implicitamente a afirmação de que o "eu espiritual" proclama o cristão filho de Deus. Logo, somos obrigados a acolher συμμαρτυρεῖ no simples sentido de "testemunhar", "confirmar"; assim traduzindo: "confirma ao nosso espírito"[180].

Por fim, neste versículo o outro vocábulo fundamental e que vale ressaltar na perícope é τέκνον[181], que significa "criança", "menino" e "filho". Existem vários semitismos para o uso do plural τέκνα[182], como:

- Na LXX os habitantes de uma cidade são designados como os seus τέκνα.
- Grupos de pessoas que pertencem a uma determinada entidade vêm designados como τέκνα (Ef 2,3, "ὀργῆς / ira"; Ef 5,8, "φωτός / luz"; 1Pd 1,14, "ὑπακοῆς / obediência"; 2Pd 2,14, "κατάρας / maldição").

4.4 Sofrimento e glória

4.4.1 v. 17aα-17cγ

> εἰ δὲ τέκνα, καὶ κληρονόμοι κληρονόμοι μὲν θεοῦ, συγκληρονόμοι δὲ Χριστοῦ [...] / *E se filhos, também herdeiros; herdeiros certamente de Deus; isto é, co--herdeiros de Cristo* [...]

---

180. Ibid., p. 1.376-1.377.

181. SCHNEIDER, G. τέκνον, p. 1.584-1.585. • FITZMYER, J.A. *La Lettera ai Romani*, p. 595.

182. Ibid., p. 1.585-1.586: "Nas seguintes passagens é usado o sentido próprio: o filho em seu relacionamento com o pai e a mãe: Mt 7,11; 10,21; 15,26; 18,15; 19,29; 22,24; Mc 7,27; 10,29.30; 12,19, 13,12; Lc 1,7.17; 12,13; 14,26; 18,19; 20,31; 23,28; At 21,5.21; 1Cor 7,14; 2Cor 12,14ab; 1Ts 2,7.11; 1Tm 3,4.12; 5,4; Tt 1,6; em relação ao batismo do cristianismo primitivo (1Cor 7,14); em relação aos descendentes de uma pessoa: Mt 2,18; 27,25; At 2,39; 13,33; Gl 4,27.31; o relacionamento com o Mestre ou apóstolo é designado como filiação espiritual: 1Cor 4,14.17; 2Cor 6,13; Gl 4,19; 1Tm 1,2; 2Tm 2,1; Tt 1,4; 3Jo 4".

Como para Paulo, "τέκνα θεοῦ[183] / *crianças de Deus*" é considerado sinônimo de "υἱοὶ θεοῦ / *filhos de Deus*", ele liga a ideia da filiação divina dos cristãos à adoção da parte de Deus como Pai[184], devido ao grito pronunciado no Espírito *"Ἀββά / Pai"*, mostrando aos crentes que eles são "filhos de Deus", herdeiros e coerdeiros em Cristo.

Quando se fala em "κληρονόμος / *herdeiros*", refere-se tanto àquele natural como o testamentário ou legal[185]. A partir disso é importante notar que o direito romano[186] reconhecia uma ampla liberdade testamentária, pela qual o filho não era herdeiro; ao contrário, no direito grego, helenístico, judaico e do povo do Egito, o filho ou os filhos eram herdeiros *eo ipso*[187]. Outro ponto fundamental para salientar é que nos *papiros* o termo κληρονόμος indica de modo particular "o herdeiro dos bens imóveis ou de um poder", mas jamais designada o recebimento de bens móveis. Em outros termos, κληρονόμος refere-se somente a um patrimônio real[188].

A referência à herança prometida era clara a todo o ouvinte judeu, porque, já na Tanak (נַחֲלָה) e na LXX, era incluída a posse da terra prometida, concedida por Deus a Israel, nos patriarcas com Abraão[189] (Ex 32,13; Nm 26,52-56; Dt 6,10), e que, para

---

183. SCHNEIDER, G. τέκνον, p. 1.586. • PERROT, C. *Epístola aos Romanos*, p. 68: "Paulo não distingue 'filhos' de 'crianças'; diferentemente de João, que reserva a palavra 'Filho' para Cristo (Jo 1,12.18)".

184. PENNA, R. *Lettera ai Romani*: 6–11 (II), p. 166.

185. FOERSTER, W. & HERRMANN, J. κληρονόμος, p. 612.

186. Ibid., p. 614.

187. Ibid. • DUNN, J.D.G. *Jesus y el Espiritu*, p. 563.

188. FOERSTER, W. & HERRMANN, J. κληρονόμος, p. 614-615.

189. FRIEDRICH, J.H. κληρονόμος, p. 50.

Paulo, ela se estendia à sua "descendência" que estava em Cristo (Gl 3,16.18.29; 4,1.7)[190]. Assim, todos os que eram cristãos, sendo herdeiros e coerdeiros em Cristo, participavam da mesma graça (Rm 8,17; Gl 4,7; Ef 3,18).

Nesse sentido parece imprescindível considerar a clareza de Cranfield[191]:

> [...] nem o termo "herdeiro de Abraão – o qual há de receber, no devido tempo, as bênçãos que Deus prometeu a ele e à sua descendência" – nem o paradoxo envolvido ao se referir a "herdeiros do (Eterno) Deus" devem ser eliminados, apelando-se para o fato de que os dois verbos hebraicos que eram utilizados ao se aludir à sucessão hereditária, significam, em primeiro lugar e na maioria das vezes, não "adquirir por sucessão hereditária", mas respectivamente, "possuir" e fazer com que se distribua a alguém como sua porção; porque aqui, em Rm 8,17, existe o relacionamento mais estreito possível entre direito de herança e filiação, e a filiação em apreço é com toda clareza (v. 16) a de filho de Deus. Aqui as imagens retóricas, naturalmente, deixam de funcionar; já que o Deus eterno não morre (o pensamento que está presente em Hb 9,15-17 não está presente aqui), não há problema de herdeiros de Deus lhe sucederem. No entanto, elas apontam com eficácia mais extraor-

---

190. Mesmo tendo presente a divindade de Cristo, Filho unigênito de Deus, Jesus assume a nossa carne fazendo-se homem como nós, mas não participando conosco do pecado; entra na história da humanidade, dentro da raça eleita pelo Eterno Pai desde o início do seu projeto salvífico – desde Abraão (Gn 12), passando por Davi (1Sm 16) – comprovando que, enquanto homem, é descendente do povo eleito (Mt 1,1-17; Lc 3,23-28).

191. CRANFIELD, C.E.B. *Carta aos Romanos*, p. 186-187.

dinária para os fatos de que os cristãos são homens que têm grandes expectativas; que suas expectativas se fundamentam no fato de serem filhos de Deus; que estas expectativas se referem à participação, não apenas em diversas bênçãos que Deus pode outorgar, mas naquilo que é peculiarmente próprio dele, a glória perfeita e imorredoura da sua própria vida; e que essa fixação do tempo em que essas expectativas serão concretizadas está fora do seu domínio.

No NT o vocábulo "κληρονόμος / herdeiro" aparece 15 vezes[192]. Em Romanos, Paulo não chama Cristo de κληρονόμος, mas chama os cristãos de "συγκληρονόμοι Χριστοῦ / *coerdeiros de Cristo*" (Rm 8,17), ligando a herança dos cristãos expressamente à sua "υἱοθεσία / filiação"; Rm 8,17: "εἰ δὲ τέκνα, καὶ κληρονόμοι κληρονόμοι μὲν θεοῦ, συγκληρονόμοι δὲ Χριστοῦ / *se filhos, também herdeiros; herdeiros certamente de Deus; isto é, coerdeiros de Cristo*"[193]; Gl 4,7: "ὥστε οὐκέτι εἶ δοῦλος ἀλλ᾽ υἱός εἰ δὲ υἱός, καὶ κληρονόμος διὰ θεοῦ / *portanto, já não és escravo, mas filho. E se és filho, então também herdeiro por meio de Deus*"[194]. Com isso, os cristãos são chamados "συγκληρονόμοι Χριστοῦ / co--herdeiros de Cristo", porque receberam por meio dele a graça de serem filhos e herdeiros[195].

O adjetivo verbal de "Χρίω / *atritar, estender e ungir*", significa "Cristo e ungido". No NT, Χριστὸς é usado como tradu-

---

192. FRIEDRICH, J.H. κληρονόμος, p. 50.

193. FOERSTER, W. & HERRMANN, J. κληρονόμος, p. 650.

194. Ibid., p. 650.

195. PENNA, R. *Lettera ai Romani*: 6–11 (II), p. 167: "O constructo grego συγκληρονόμοι, de fato sugere uma ideia de participação em uma herança que é próprio de Cristo [...]".

ção de Μεσσίας[196], exclusivamente referido a uma pessoa; ou seja, à figura do Messias esperado e desconhecido, como Jesus de Nazaré, como Messias manifestado. Somente na LXX e no NT Χριστὸς é utilizado para designar pessoas[197].

Com base na cultura do antigo judaísmo, Χριστὸς é visto sobretudo como uma designação de função de uma pessoa ungida. É um apelativo que pode ser atribuído a uma figura histórica de Israel ou do tempo final e que exprime uma qualidade de majestade, adquirindo um caráter de título[198].

No NT Χριστὸς aparece 53 vezes no *corpus evangelicorum*, 26 vezes na *acta apostolorum*, 383 vezes no *corpus paulinum*, 12 vezes na *espistola ad hebraeos*, 49 vezes no *corpus catholicum* e 7 vezes no *apocalypsis*[199]. Na Tanak o termo Χριστὸς vem do verbo ,מָשַׁח "ungir", usado para unção de pessoas como um rei (1Sm 9,16; 10,1.6-9.13; 12,3.5; 16,3.12ss.; 24,7.11; 26,9-11.23; 2Sm 1,14.16; 7,8-16; 19,22; 23,1; 1Rs 1,34ss.; 19,15; 2Rs 9,3.6.12; Sl 18,51; 132,19; Is 45,1; Jt 9,7-15; 14,6), um sumo sacerdote (Lv 4,3.5.16; 6,15; 1Cr 29,22; Eclo 45,15; Dn 9,25) e profetas (1Rs 19,16; 2Rs 2,9.15; Sl 105,15; Is 61,1)[200].

Nas 7 cartas autênticas de Paulo aparecem 271 vezes o termo Χριστὸς e Ἰησοῦς Χριστὸς (Χριστὸς Ἰησοῦς). Por muitos

---

196. HAHN, F. *Χριστὸς*, p. 1.937: "Independentemente das concepções não escatológicas e de uma escatologia coerentemente teocrática, havia diferentes formas de messianismo no judaísmo primitivo. 'Messias' se encontra apenas como a figura esperada para o tempo da salvação".

197. Ibid., p. 1.935.

198. Ibid.

199. Para um estudo destes *corpora* indicamos GONZAGA, W. *Compêndio do cânon bíblico*, indicada, ao final da obra, nas referências bibliográficas.

200. HAHN, F. *Χριστὸς*, p. 1.936.

aspectos, o uso do termo é característico de Paulo. Porém, na base, existe um uso linguístico protocristão. A partir disso podemos identificar em suas cartas três grupos do uso de Χριστὸς[201]:
• O primeiro grupo forma um quadro relativamente unitário. A locução "Κύριος Ἰησοῦς Χριστὸς / *Senhor Jesus Cristo*" deixa claro que provém da tradição confessional (1Cor 8,6; Fl 2,12; 3,20) e litúrgica (Rm 1,7; 13,14; 1Cor 1,3; 2Cor 1,2; 13,13; Gl 1,3; Fl 1,2; 4,23; 1Ts 1,1).
• O segundo grupo, formado com "Ἰησοῦς Χριστὸς / *Jesus Cristo*", distingue-se por um determinado nexo de vocábulos. Paulo fala de si mesmo como "ἀπόστολος δοῦλος / *apóstolo servo*" ou "δέσμιος Ἰησοῦ Χριστοῦ / *prisioneiro de Jesus Cristo*" (Rm 1,1; 1Cor 1,1; 2Cor 1,1; Fl 1,1; Fm 9). Outras vezes fala de "πίστεως ἐν Χριστῷ Ἰησου / *fé em Cristo Jesus*" (Gl 3,26) e εἰς Χριστὸν Ἰησοῦν / *em Cristo Jesus*" (Rm 6,3; Gl 2,16); "πίστεως Χριστοῦ Ἰησοῦ / *fé em Cristo Jesus*" (Rm 3,22; Gl 2,16). Em alguns casos isolados aparecem ligados com "ἡμέρα / *dia*", "Ἀποκάλυψις / *revelação*", "λειτουργός / *servidor*" etc.
• O terceiro grupo é formado por um complexo lexical junto a ὁ Χριστὸς ou Χριστὸς, sem o artigo (Rm 16,16; Gl 1,22; 1Cor 6,15; Fl 1,10).

4.4.2 v. 17dα-17eβ

[...] εἴπερ συμπάσχομεν ἵνα καὶ συνδοξασθῶμεν / [...] *porque junto com Ele sofremos para que também junto com Ele sejamos glorificados.*

Outro vocábulo importante é "συμπάσχομεν / *junto com Ele sofremos*". Encontramos já em Platão[202] o uso do termo

---

201. Ibid., p. 1.944-1.945.

202. MICHAELIS, W. *συμπάσχω*, p. 1.046-1.047.

συμπάσχω, que significa "sofrer contemporaneamente, sofrer junto com, padecer a mesma coisa de". Muito raramente significa "ter, sentir piedade" (aqui é substituído pelo sinônimo σπλαγχνίζομαι). No NT aparece somente em duas passagens da literatura paulina: Rm 8,17 e 1Cor 12,26. Referido à comunidade, em 1Cor 12,26a, συμπάσχω não significa que se um membro se faz mal, todos os outros membros participam da dor com simpatia e sensibilidade. Mas, ao invés disso, fala de todos serem envolvidos no dano, padecerem juntos[203]. Em Rm 8,17 lemos: "εἴπερ συμπάσχομεν ἵνα καὶ συνδοξασθῶμεν / *porque junto com Ele sofremos para que também junto com Ele sejamos glorificados*".

De todo o contexto, conclui-se claramente que συμπάσχω não pode significar "ter piedade"; ainda mais "συγκληρονόμοι Χριστοῦ / *coerdeiros de Cristo*", imediatamente precedente, mostra que o prefixo συν-, de συμπάσχω, não indica uma comunidade de dor entre os cristãos, mas sim uma relação dos crentes em Cristo[204]. Συμπάσχω não significa muito menos, como poderia ser, "sofrer igualmente", já que Paulo nesses escritos não dá jamais o significado "παθεῖν / *morrer*" com referência à morte de Jesus; não fala jamais de um πάσχειν de Cristo. Assim também desaparece a possibilidade que, com συμπάσχειν, o apóstolo queira indicar a comum participação de Cristo e dos cristãos em uma suposta dor complexiva; a ideia de um tal sofrimento coletivo, de modo geral é desconhecida pelos escritos paulinos[205].

---

203. Ibid., p. 1.047.

204. Ibid.

205. Ibid., p. 1.047-1.048.

Também a expressão "συνδοξασθῶμεν / *juntos com Ele sejamos glorificados*" contém a ideia que eles receberam a "δόξα / *glória*" celeste mediante Cristo[206]. Analogamente, significa que, com Cristo, os cristãos vivem uma situação de sofrimento[207], que se trata de um padecer "διὰ Ἰησοῦν / *por meio de Jesus*", de um "ὑπὲρ αὐτοῦ πάσχειν / *pelo sofrer dele*", de "παθήματα Χριστοῦ / *Paixão de Cristo*"[208] refletida na prática da vida cristã, na qual seguir Cristo também implica passar dificuldades para testemunhar o Evangelho. Nesse sentido afirma Légasse[209]:

> Partindo do contexto da comunidade de Roma, é necessário sublinhar que Paulo, de modo diverso das outras cartas, aqui está falando mais dos efeitos das hostilidades externas do que das provas internas vividas por qualquer cristão que decide ser fiel à sua vocação. Ainda mais, todos estes sofrimentos não comportam uma participação naquilo que foi o objetivo da paixão de Jesus e necessita excluir das provas cristãs qualquer valor redentor.

Entretanto, Paulo sabe que o sofrimento é algo muito concreto pela sua experiência, e, por isso, fixa uma intenção insubstituível, que não é subjetiva, mas objetivamente cristológica, a essa dura realidade humana, como nos recorda Pitta[210]:

> Graças à fé e ao batismo os cristãos crescem juntos a Cristo (Rm 6,5) e participam da sua paixão, do seu

---

206. Ibid., p. 1.048.
207. FITZMYER, J.A. *La Lettera ai Romani*, p. 598.
208. MICHAELIS, W. *συμπάσχω*, p. 1.049.
209. LÉGASSE, S. *L'Épître de Paul aux Romains*, p. 509.
210. PITTA, A. *Lettera ai Romani*, p. 299.

sofrimento e morte. Assim, Paulo não diminui a responsabilidade dos cristãos de colaborar com Cristo. Em outras palavras, é importante que eles participem do sofrimento de Jesus, pois a participação na herança de Cristo depende, também, de modo definitivo da participação no seu sofrimento e na sua glória. Por isso, os termos compostos com a preposição συν- (co--herdeiros, com sofrimento, e ser coglorificados) não têm tanto uma dimensão antropológica ou eclesial, no sentido de que a participação nos sofrimentos dos outros fosse para nós garantia para a nossa participação da glória e a herança final, mas esses verbos de participação têm uma consistente dimensão cristológica. Então "com sofrimento" quer dizer participar antes de mais nada da morte de Cristo e ser coglorificados; ou seja, dividir com Cristo a sua ressurreição.

Portanto, com toda a reflexão feita, agora podemos responder à pergunta elaborada no início do comentário exegético, onde a questão se configurava como: qual seria a vida daqueles que pelo Espírito mortificam as obras da carne? Com todo percurso realizado podemos afirmar que, se estamos no Espírito e Ele está nos guiando, podemos mortificar as ações da carne para responder melhor a Deus, por nos ter dado tão grande dádiva, que é a filiação divina, nesta peregrinação terrena, concedendo-nos a herança (Ef 1,3-4) do Reino de Deus, pelo batismo na paixão, morte e ressurreição de Cristo Jesus, para que também no καιρός oportuno participemos com Ele da sua glória na morada eterna[211]. É esta a vida prometida por Cristo, quando, no final do seu peregrinar na Terra, disse aos seus discípulos, e

---

211. MAZZAROLO, I. *A Carta aos Romanos*, p. 104. • WILCKENS, U. *La Carta a los Romanos 6–16* (II), p. 172.

que serve também para cada um de nós, segundo Jo 14,1-4, que nos convida a uma confiança profunda nas mãos do Senhor:

¹Μὴ ταρασσέσθω ὑμῶν ἡ καρδία· πιστεύετε εἰς τὸν θεὸν καὶ εἰς ἐμὲ πιστεύετε. ²ἐν τῇ οἰκίᾳ τοῦ πατρός μου μοναὶ πολλαί εἰσιν· εἰ δὲ μή, εἶπον ἂν ὑμῖν ὅτι πορεύομαι ἑτοιμάσαι τόπον ὑμῖν; ³καὶ ἐὰν πορευθῶ καὶ ἑτοιμάσω τόπον ὑμῖν, πάλιν ἔρχομαι καὶ παραλήμψομαι ὑμᾶς πρὸς ἐμαυτόν, ἵνα ὅπου εἰμὶ ἐγὼ καὶ ὑμεῖς ἦτε. ⁴καὶ ὅπου [ἐγὼ] ὑπάγω οἴδατε τὴν ὁδόν.	¹Não se perturbe o vosso coração. Credes em Deus, crede também em mim. ²Na casa de meu Pai há muitas moradas. Se não fosse assim, eu vos teria dito; pois vou preparar-vos um lugar, ³virei novamente e vos levarei comigo, a fim de que, onde eu estiver, estejais vós também. ⁴E para onde vou, conheceis o caminho.

5

Síntese teológica de Rm 8,14-17

Como comentamos nos capítulos anteriores, a Carta aos Romanos é tida como o escrito mais ou um dos mais importantes de todo o epistolário paulino e o escrito neotestamentário que mais criou interesses nos estudos bíblicos, causando muitas novidades na história. O estudo da investigação exegética pode levar a uma meditação teológica conduzindo-nos a colher uma mensagem para a nossa vida. Por isso, o hodierno estudo que fizemos da compreensão do texto de Rm 8,14-17 nos leva à conclusão, entre tantas temáticas de Rm 8, que o tema referente ao Espírito Santo[212] tem valor preponderante em toda a Carta aos Romanos.

O Espírito Santo é designado pela palavra grega πνεῦμα e seus derivados (πνεύματι, πνεύματα, πνευματικά, πνευματικαῖς, πνεύμασιν πνευματικῇ, πνευματικῆς, πνευματικοί, πνευματικοῖς, πνευματικόν, πνευματικός, πνευματικῶν, πνευματικῶς, πνεύματος, πνευμάτων) que se encontram 182 vezes no epistolário paulino e na Carta aos Hebreus, sendo que somente na Carta aos Romanos encontramos 37 vezes.

---

212. BARBAGLIO, G. *La teologia di Paolo*, p. 642.

Cartas \ Termos	Rm (37 x)	1Cor (56 x)	2Cor (17 x)	Gl (19 x)	Fl (5 x)	Cl (4 x)	1Ts (5 x)
πνεῦμα (44 x)	1,4; 8,4; 8,5; 8,9²; 8,10; 8,11; 8,15²; 8,16; 8,26²; 11,8	2,10; 211²; 2,12²; 3,16; 5,5; 6,17; 7,40; 12,4; 12,8; 12,11; 12,13; 14,14; 15,45; 16,18	3,6; 3,17²; 4,13; 7,13; 11,4	3,2; 3,5; 4,6; 4,29; 5,17; 6,8	-	-	4,8; 5,19; 5,23
πνεύματι (39 x)	1,9; 2,29; 8,9; 8,13; 8,14; 8,16; 9,11; 12,11; 14,17; 15,16	4,21; 5,3; 6,11; 7,34; 12,3²; 12,9²; 12,13; 14,2; 14,15²; 14,16	2,13; 3,3; 6,6; 12,18	3,3; 5,5; 5,16; 5,18; 5,25²; 6,1	1,27; 3,3	1,8; 2,5	1,5
πνεύματα (1 x)	-	14,32	-	-	-	-	-
πνευματικά (3 x)	-	2,13; 9,11; 14,11	-	-	-	-	-
πνευματικαῖς (1 x)	-	-	-	-	-	3,16	-
πνευματικῇ (1 x)	-	-	-	-	-	1,9	-
πνευματικῆς (1 x)	-	10,14	-	-	-	-	-
πνευματικοί (1 x)	-	-	-	6,1	-	-	-

πνευματικοῖς (3 x)	15,27	2,13; 3,1	-	-	-
πνευματικόν (7 x)	1,11	10,3; 10,4; 15,44²; 15,46²	-	-	-
πνευματικός (3 x)	7,14	2,15; 14,37	-	-	-
πνευματικῶν (1 x)	-	12,1	-	-	-
πνευματικῶς (1 x)	-	2,14	-	-	-
πνεύματος (35 x)	5,5; 7,6; 8,2; 8,5; 8,6; 8,11; 8,23, 8,27; 15,13; 15,19; 15,30	2,4; 2,10; 2,13; 2,14; 5,14; 6,19; 12,7; 12,8	1,22; 3,6; 3,8; 3,18; 5,5; 7,1; 13,13	3,14; 5,17; 5,22; 6,8; 6,18	1,19; 2,1; 4,23	1,6
πνευματικῶν (2 x)	-	12,10; 14,12	-	-	-

Cartas \ Termos	Ef (17 x)	2Ts (3 x)	1Tm (3 x)	2Tm (5 x)	Tt (1 x)	Hb (12 x)
πνεῦμα (8 x)	1,17; 4,4; 4,30	-	4,1	1,17	-	3,7; 10,15; 10,29
πνεύματι (9 x)	1,13; 2,18; 2,22; 3,5; 4,23; 5,18; 6,18	2,8	3,16	-	-	-
πνεύματα (2 x)	-	-	-	-	-	1,7; 1,14
πνευματικά (1 x)	6,12	-	-	-	-	-
πνεύμασιν (2 x)	-	-	4,1	-	-	12,23
πνευματικαῖς (1 x)	5,19	-	-	-	-	-
πνευματικῇ (1 x)	1,3	-	-	-	-	-
πνεύματος (14 x)	2,2; 3,16; 4,3; 6,17	2,2; 2,13	-	1,14; 4,22	3,5	2,4; 4,12; 6,4; 9,8; 9,14
πνευμάτων (1 x)	-	-	-	-	-	12,9

A palavra πνεῦμα e seus derivados aparecem 21 vezes em Rm 8, no qual constitui-se a palavra-chave e demonstrando o quanto era cara ao Apóstolo Paulo. Na seção estudada, a palavra πνεῦμα é citada 3 vezes e o seu derivado πνεύματι 2 vezes. Por essa frequência na perícope, já podemos ter uma ideia da importância do Espírito para o apóstolo. Antes de introduzir e entender como o Apóstolo Paulo concebe o Espírito, retomemos o quadro anterior. Nele há um panorama geral do epistolário paulino e da Carta aos Hebreus, com a frequência do termo πνεῦμα e seus derivados.

5.1 O dom do Espírito

5.1.1 O Espírito / πνεῦμα

No grego profano o termo πνεῦμα é usado frequentemente no sentido semântico entusiástico – ou seja, relativo à aspiração – e mais tarde como expressão de uma substância vital cósmico-universal e divina[213].

Na Tanak o termo רוּחַ[214] frequentemente vem designado como o Espírito de Deus que age como força vital e doa dons particulares ou inspira determinadas pessoas. Somente no

---

213. KREMER, J, πνεῦμα, p. 1.011.

214. OBERMAYER, H. et al. *Spirito*, p. 305-306: "A palavra hebraica usada para indicar o espírito originalmente significa 'sopro do vento' (Ex 10,13), 'sopro da vida' (Gn 7,15; Mt 27,50). Também indica o fato de que um homem satisfez sua fome ou sua sede e recuperou a coragem (Jz 15,19). Texto original de Gn 45,27. Javé é o Senhor desse sopro da vida (Gn 2,7) e é Ele quem o faz viver (Ez 37,1-14). No entanto, Ele também pode retomar esse espírito de vida (Jó 34,14s.). Depois, nos perguntamos o que acontece com esse 'espírito' após a morte de um homem (Lc 23,46). O termo espírito também pode indicar uma maneira de se comportar ('espírito de confusão': Is 19,14). O Espírito de Deus comunica especialmente força e apoio (Nm 11,25; Jt 14,6; Lc 1,15; 4,14")".

período pós-exílico passa a ser considerado o conceito de Espírito Santo. Por influência dos mundos contemporâneos da época, o termo רוּחַ (πνεῦμα) no judaísmo passa a ser termo técnico para designar seres sobrenaturais bons e maus, sem contar que, no ambiente helenístico, o termo πνεῦμα normalmente é concebido como substância por causa de concepções filosóficas gregas, ou por especulações sobre a sabedoria[215].

No NT o vocábulo πνεῦμα é caracterizado essencialmente pelo equivalente hebraico רוּחַ e pelo seu significado no judaísmo, como "vento" e "respiro". Não obstante, os dois termos não falam de realidade substanciosa, mas de uma força que se encontra no respiro e na rajada do vento, no qual permanece misterioso o fato de onde vem e para onde vai[216].

No NT πνεῦμα aparece complexivamente 379 vezes, mas em somente três dessas citações há inequivocamente um sentido original de "vento e sopro (impetuoso)". Normalmente designa o πνεῦμα do homem (47 vezes), como espíritos malvados (38 vezes) e espíritos dos defuntos ou dos anjos (9 vezes); muitas vezes indica o πνεῦμα de Deus (275 vezes), onde vem escrito sem a personificação – de Deus – ou mais precisamente como πνεῦμα ἅγιον (92 vezes), como πνεῦμα θεοῦ (18 vezes)[217]. A concepção paulina do Espírito aparece em três fontes[218] principais:

- na revelação no cânon do AT;
- no judaísmo intertestamentário;
- no pensamento da Igreja primitiva.

---

215. KREMER, J. *πνεῦμα*, p. 1.012.

216. Ibid., p. 1.011-1.012.

217. Ibid., p. 1.012.

218. PAIGE, T. *Spirito Santo*, p. 1.489.

Com relação a isto, Paulo foi muito influenciado pela experiência pessoal com o Espírito e com a experiência das comunidades que ele fundou. É importante constatar que na Tanak algumas vezes o "Espírito de Deus" vem chamado de Santo (Sl 51,13; Sb 9,17; Is 63,10-11; Dn 13,44); porém, essa atribuição passa a ser comum no período intertestamentário. As raízes veterotestamentárias se tornam evidentes pelo fato de que para Paulo o Espírito é único e singular. Por isso, para Paulo falar do Espírito Santo significa falar da presença e do poder de Deus[219]. Como Deus é único, assim também existe um só Espírito de Deus (1Cor 12,4-6.11.13; Ef 4,4-6).

Desde a Antiguidade, o Espírito Santo tem sido unido à profecia (Nm 11,29; 1Sm 10,6; 19,20-24; Mq 3,8; Ez 11,5; Eclo 48,12.24) e, sobretudo nos profetas, assume uma característica moral, sendo associado à justiça, ao juízo e à vida na Aliança (Is 4,4; 28,5-6; 59,21; 63,10; Ez 36,26-27; 39,27-29; Sl 51,10-11; 143,10). O AT exprime a esperança que esse Espírito vivificador da profecia e de uma vida conforme à Aliança será um elemento da futura era messiânica de bênçãos (Is 32,15; 44,3; Ez 36,25-27; 39,28-29; Jl 3,1-2).

Paulo ainda herda da fé do seu povo, não obstante não se encontrarem somente no mundo hebraico, duas ideias importantes para a compreensão do Espírito: a associação do Espírito com força (2Rs 2,9-15; Jz 6,34-35; 14,19; 15,14-15) e com a vida enquanto potência vivificadora que tem em Deus a própria origem (Gn 1,2; 6,3; Sl 104,29-30; Jó 32,8; Is 42,5; Ez 37,4-14). Não obstante toda essa construção da concepção paulina de Espírito, é importante ressaltar que ela não é uma simples continuação da ideia do AT e do judaísmo, porque nos escritos paulinos

---

219. Ibid., p. 1.490.

o Espírito tem uma relevância quantitativa muito superior àquela do AT. Essa realidade quantitativa pode ser explicada pelo fato de que as primeiras comunidades cristãs experimentaram a presença do Espírito Santo na vida delas (At 2,37-47; 3,32-37; 11,19-26; 1Cor 2,10-12; 3,16; 7,40; 12,11.13)[220]:

- como a percepção de uma presença divina no culto;
- como os milagres operados e as inspirações da profecia;
- como o fato de ter anunciado o Evangelho com coragem, sabedoria e usufruindo dessa alegria, mesmo nas dificuldades.

Toda essa realidade demostra a Paulo uma grande esperança escatológica[221] do AT com relação à promessa do Espírito Santo, no qual essa vinda é sinal concreto para os primeiros cristãos de que o Senhor ressuscitado – ou seja, Jesus Cristo – era verdadeiramente o Messias esperado[222] (Ez 36,25-27; Jo 16,7-11; At 2,14-24.36.38-39; Gl 3,1-5.14; Ef 1,13).

---

220. Ibid., p. 1.490-1.491. É importante ressaltar que Paulo viveu em primeira pessoa a mesma experiência.

221. Ibid., p. 1.500-1.501: "Paulo considera o Espírito derramado sobre os crentes como um sinal escatológico indicando que a salvação e a restauração prometidas por Deus a seu povo já começaram. Essa perspectiva escatológica tem algum precedente no AT e na esperança rabínica de um dom geral do Espírito na era futura, e também em algumas expressões dos textos de Qumran (*Sekki* 82-83). A diferença com relação a Paulo é que o Espírito representa a erupção desse tempo final no presente. Há um eco escatológico também na concepção do Espírito como 'primícias' e como 'garantia' (ἀρραβῶνα) para os crentes do que eles receberão quando o reino messiânico for realizado plenamente, o julgamento realizado e todo inimigo de Deus derrotado (Rm 8,18-25; 2Cor 1,22; 5,5; Ef 1,13-14; 4,30). Portanto, no tempo presente, o Espírito é ao mesmo tempo um componente da vida e do poder da era futura, como também um sinal que vai além do presente e diz aos crentes que a plenitude do tempo messiânico ainda não chegou: 'A mesma criação aguarda com impaciência a revelação dos filhos de Deus [...] mas nós também, que possuímos as primícias do Espírito, gememos interiormente, aguardando [nossa] adoção como filhos e a redenção de nosso corpo (Rm 8,19.23)'".

222. Ibid., p. 1.491.

Também é importante sublinhar que Paulo não vê no Espírito uma força sempre disponível às ordens daquele que crê, como por exemplo na cultura pagã, na qual se diziam que os demônios e os espíritos socorriam os magos em qualquer de suas intenções. Por isso, o Espírito não pode ser controlado com atos e encantos particulares. Porém, Ele está presente para ajudar todo aquele que crê a realizar a vontade de Deus[223].

5.1.2 O Espírito de Deus

Para Paulo, o Espírito Santo é o Espírito de Deus que, de acordo com o AT e a literatura judaica intertestamentária, é único e particular no seu poder e na sua relação com Deus (Rm 8,9.11; 1Cor 2,11; 2Cor 3,17; Ef 4,4). Quando Paulo fala do Espírito que foi dado aos cristãos, ele sempre pronuncia no singular: Espírito Santo ou Espírito de Deus (Rm 8,9; 1Cor 3,16; 12,4-6; 2Cor 5,5; Gl 3,5). Essa unidade do Espírito pode ser adotada como argumento teológico para comprovar a unidade da Igreja: "καὶ γὰρ ἐν ἑνὶ πνεύματι ἡμεῖς πάντες εἰς ἓν σῶμα ἐβαπτίσθημεν, εἴτε Ἰουδαῖοι εἴτε Ἕλληνες εἴτε δοῦλοι εἴτε ἐλεύθεροι, καὶ πάντες ἓν πνεῦμα ἐποτίσθημεν / *Pois fomos todos batizados num só Espírito para sermos um só corpo, judeus e gregos, escravos e livres; e todos bebemos de um só Espírito*" (1Cor 12,13). Para Paulo, o Espírito é sinal da presença de Deus entre o seu povo, de modo particular quando pronuncia discursos inspirados, sobretudo na proclamação do Evangelho[224], das

---

223. Ibid.: "E enquanto a magia antiga acreditava que a ajuda sobrenatural era dada apenas a algumas pessoas com conhecimento esotérico (não importa para que objetivos), o Espírito é dado a todos livremente, com a única condição de que se acredite em Cristo como Senhor (1Cor 12,3)".

224. GONZAGA, W. *A noção de ἀλήθεια e de εὐαγγέλιον no NT*, p. 15-37.

profecias; quando dá coragem, quando exorta, quando ensina e quando faz milagres (1Cor 12,4-11; 1Ts 1,5; Gl 3,1-5)[225].

5.1.3 O Espírito de Cristo

Vanni[226] diz que para compreender especialmente o que é o Espírito de Cristo em Paulo devemos recorrer a Jo 20,19.22, que descreve a aparição de Jesus aos discípulos na noite de Páscoa. João Evangelista[227] afirma:

[19] Οὔσης οὖν ὀψίας τῇ ἡμέρᾳ ἐκείνῃ τῇ μιᾷ σαββάτων καὶ τῶν θυρῶν κεκλεισμένων ὅπου ἦσαν οἱ μαθηταὶ διὰ τὸν φόβον τῶν Ἰουδαίων, ἦλθεν ὁ Ἰησοῦς καὶ ἔστη εἰς τὸ μέσον καὶ λέγει αὐτοῖς· εἰρήνη ὑμῖν. [...] [22] καὶ τοῦτο εἰπὼν ἐνεφύσησεν καὶ λέγει αὐτοῖς· λάβετε πνεῦμα ἅγιον [...].	[19] À tarde deste mesmo dia, o primeiro da semana, estando fechadas as portas onde se achavam os discípulos, por medo dos judeus. Jesus veio, e pondo-se no meio deles, lhes disse: "A Paz esteja convosco!" [...] [22]Dizendo isto, soprou sobre eles: "Recebei o Espírito Santo" [...].

Quem aparece no meio deles é Jesus Cristo ressuscitado com as marcas da paixão, tendo em si o desejo de doar-se aos seus discípulos, dizendo *"A Paz esteja convosco"* (Lc 24,36; Jo 20,19-23.26). Aqui, a Paz é o mesmo Jesus, que se comunica e sopra o seu Espírito sobre os seus discípulos. Um gesto parecido acontece também no Livro do Gênesis quando Deus cria Adão (Gn 1,26; 2,7). Assim, desse gesto se pode intuir quem é o Espírito Santo, o Espírito de Cristo de modo analógico à compreensão que tiveram os discípulos – isto é, o

---

225. PAIGE, T. *Spirito Santo*, p. 1.491.

226. VANNI, U. *L'ebbrezza nello Spirito*, p. 77.

227. PORSH, F. παράκλητος, p. 780. Na concepção joanina Jesus, para os discípulos, é considerado o primeiro παράκλητος (paráclito); sendo assim, o Espírito Santo é o segundo: "E eu rogarei ao Pai, e Ele vos dará outro Paráclito, para que fique eternamente convosco" (Jo 14,16).

"παράκλητος [228]/defensor"; é a vitalidade de Jesus ressuscitado que é passada para os discípulos[229]. E, verdadeiramente, é a realidade do Ressuscitado que dá um novo sentido à vida do Apóstolo Paulo. No Livro dos Atos dos Apóstolos encontra-se descrito como Paulo muda de vida a partir de seu encontro com o Ressuscitado (At 9,1-9; 22,6-11).

Para Paulo, "a essência espiritual da religião é uma realidade admitida sem muita explanação"[230], pois tanto para ele quanto para os seus predecessores a experiência e a manifestação fundamental do Espírito estão na natureza conforme a de Jesus; ou seja, o Espírito possui a mesma característica de Jesus.

Paige[231] afirma que um dos aspectos mais significativos da doutrina de Paulo sobre o Espírito, e que o distingue da fé israelita e judaica, é a profunda conexão do Espírito com o Senhor Jesus; isto é, aquilo que foi chamado de o caráter jesuânico do Espírito. Portanto, o Espírito é chamado de o Espírito de Cristo ou o Espírito do Filho de Deus (Rm 8,9; Gl 4,6). Com isso, pode-se afirmar que o Espírito transforma o coração daquele que

---

228. OBERMAYER, H. et al. *Paraclito*, p. 242: "O termo Paráclito, que significa intercessor, assistente, e de modo errôneo alguns traduzem como 'consolador'. O termo é encontrado apenas nos 'discursos de despedida' de Jesus (Jo 14,16.26; 16,7; 1Jo 2,1). Todos os tipos de intercessores do apocalíptico judeu são inesperadamente superados pelo Paraclito. Uma vez, aparece como uma fonte impessoal de revigoramento (Jo 14,17), outra vez como pessoa (Jo 16,13). A concepção do Espírito Santo, própria da teologia dogmática e da fé da Igreja, embora leve em consideração essa diversidade, também tem uma base sólida nos textos joaninos que falam do Paráclito (Jo 14,16), já que Jesus Cristo também é chamado de Paráclito na tradição joanina (1Jo 2,1). No lugar de Cristo ressuscitado, Ele deve testemunhar a presença ativa de Deus no mundo e mostrar o caminho para os discípulos".

229. VANNI, U. *L'ebbrezza nello Spirito*, p. 77.

230. GUTHRIE, D. & MARTIN, R.P. *Dio*, p. 454.

231. PAIGE, T. *Spirito Santo*, p. 1.493.

crê[232], de modo que ele reproduza as mesmas características do Senhor Jesus Cristo (2Cor 3,3; Ef 1,16-18), estando em comunhão com Ele (1Cor 1,9) e, assim, com o Espírito Santo (2Cor 13,13; Fl 2,1).

5.1.4 O espírito do homem

O texto da Carta aos Romanos trabalhado nesta obra menciona que mesmo Espírito testemunha ao nosso espírito que somos filhos de Deus (Rm 8,16), mas quem é esse "nosso espírito" pelo qual o Espírito Santo testemunha que somos filhos de Deus? Quando falamos de "espírito do homem" não se trata de um componente psicológico articulado, mas sobretudo do "eu" com os seus projetos (Rm 2,11), seus sentimentos (1Cor 16,18) e seu conhecimento (1Cor 2,11, como autoconhecimento). Pode-se pensar também em oposição ao corpo (1Cor 7,34; 2Cor 7,1; 1Ts 5,23) e separado do corpo (1Cor 5,3.5; Cl 2,5). É sobre este "eu" que o Espírito dá testemunho (Rm 8,15ss.; 1Cor 2,11; Gl 6,18), Às vezes o "eu" se apresenta como um espírito de mansidão, de amor, de compreensão, de compaixão etc. sob o influxo do Espírito Santo (1Cor 4,21); assim, Paulo o caracteriza ao se referir ao seu ministério (Rm 1,9) ou ao carisma do poder apostólico (1Cor 5,5; Cl 2,25).

Em 1Cor 14,14: "ἐὰν [γὰρ] προσεύχωμαι γλώσσῃ, τὸ πνεῦμά μου προσεύχεται, ὁ δὲ νοῦς μου ἄκαρπός ἐστιν / *Se oro em línguas, o meu espírito está em oração, mas a minha inteligência nenhum fruto colhe*". Paulo opõe este espírito à razão; neste caso, sua linguagem é parecida à de Fílon de Alexandria[233], que concebe o

---

232. BRODEUR, S. *La dimensione escatologica de la morale cristiana in Rm 8*, p. 398: "E essa nossa fé na ação salvífica de Deus nos permite antecipar o futuro com confiança e de viver no presente com 'esperança' (ἐλπίς)".

233. KAMLAH, E. *Spirito*, p. 1.791.

espírito como força estática superior à razão e capaz de destronar no momento da inspiração. Em tal modo, Paulo usa a mesma maneira de exprimir dos estáticos de Corinto, com a qual combate a supervalorização dos espíritos inspiradores (1Cor 14,12, onde temos o plural, como também em 1Cor 14,32, onde se fala da inspiração dos profetas em Ap 22,6), porque ele submete o êxtase ao Amor (1Cor 12,31–13,1; 14,15ss.)[234].

5.2 O Espírito na filiação divina

A adoção filial era um dos privilégios de Israel (Rm 9,4: "[...] οἵτινές εἰσιν Ἰσραηλῖται, ὧν ἡ υἱοθεσία καὶ ἡ δόξα καὶ αἱ διαθῆκαι καὶ ἡ νομοθεσία καὶ ἡ λατρεία καὶ αἱ ἐπαγγελίαι [...] / [...] *que são os israelitas, aos quais pertencem a adoção filial, a glória, as alianças, a legislação, o culto, as promessas* [...]"). Porém, agora os cristãos são filhos de Deus, num sentido muito mais forte, pela fé em Cristo (Gl 3,26; Ef 1,5). No Filho Unigênito de Deus – Jesus Cristo –, pela ação do Espírito Santo, todo homem na adesão à fé passa a participar da vida de Deus (Gl 3,26; Ef 1,13; 3,16-17), de modo que a filiação manifesta consigo uma ligação entre a fé (o batismo), a ação do Espírito Santo e o ser filho. No batismo, unimo-nos à morte-sepultura e à ressurreição de Cristo (Rm 6,3-5; Cl 2,12), que pelo Espírito Santo há sua eficácia: "ἀλλ᾽ ἀπελούσασθε, ἀλλ᾽ ἡγιάσθητε, ἀλλ᾽ ἐδικαιώθητε ἐν τῷ ὀνόματι τοῦ κυρίου Ἰησοῦ Χριστοῦ καὶ ἐν τῷ πνεύματι τοῦ θεοῦ ἡμῶν / *mas vós vos lavastes, mas fostes santificados, mas fostes justificados em nome do Senhor Jesus Cristo, e pelo Espírito de nosso Deus*" (1Cor 6,11; 12,13), que é quase como o instrumento, a causa eficiente do pertencer a Deus. Ilustrativo, nesse sentido, é o texto que encontramos em Tt 3,5-6:

---

234. Ibid.

⁵ οὐκ ἐξ ἔργων τῶν ἐν δικαιοσύνῃ ἃ ἐποιήσαμεν ἡμεῖς ἀλλὰ κατὰ τὸ αὐτοῦ ἔλεος ἔσωσεν ἡμᾶς διὰ λουτροῦ παλιγγενεσίας καὶ ἀνακαινώσεως πνεύματος ἁγίου, ⁶ οὗ ἐξέχεεν ἐφ᾽ ἡμᾶς πλουσίως διὰ Ἰησοῦ Χριστοῦ τοῦ σωτῆρος ἡμῶν [...].	⁵não por causa dos atos que houvéssemos praticado, mas porque, por sua misericórdia, fomos lavados pelo poder regenerador e renovador do Espírito Santo, ⁶que Ele ricamente derramou sobre nós, por meio de Jesus Cristo, nosso Salvador [...].

Esse renascer pelo Espírito Santo que encontramos mencionado na Carta a Tito, lemos em outra carta da seguinte forma: "ὥστε εἴ τις ἐν Χριστῷ, καινὴ κτίσις τὰ ἀρχαῖα παρῆλθεν, ἰδοὺ γέγονεν καινά / Se alguém está em Cristo, é nova criatura. Passaram-se as coisas antigas; eis que se fez uma realidade nova!" (2Cor 5,17; cf. Ef 2,15; Cl 3,10-11)[235].

A transformação em Cristo é obra do Senhor, que é Espírito (2Cor 3,18). Passa a ser Espírito vivificante (1Cor 15,45) que age, entra em contato com as almas mediante o espírito. De fato, o ser de Cristo, o pertencer a Cristo e tê-lo em si é uma realidade concreta somente na medida em que o ser humano tem, operando em si mesmo, o Espírito de Cristo (Rm 8,19-20). A Ressurreição de Jesus nos garante uma adoção perfeita (Rm 8,23); é o fruto da presença do Espírito Santo (Rm 8,11) mencionado solenemente no Filho de Deus (Rm 1,4).

O Espírito Santo é "[...] ὅ ἐστιν ἀρραβὼν τῆς κληρονομίας ἡμῶν, εἰς ἀπολύτρωσιν τῆς περιποιήσεως, εἰς ἔπαινον τῆς δόξης αὐτοῦ. / [...] que é o penhor da nossa herança, para a redenção do povo que Ele adquiriu para seu louvor e glória" (Ef 1,14), as primícias daquela que será a adoção perfeita, a redenção do corpo na ressurreição (Rm 8,23). Portanto, o dom do Espírito San-

---

235. ZEDDA, S. *Prima lettera di San Paolo*, p. 464.

to nesta Terra faz parte da adoção futura começada, e constitui como na sua plena efusão, a filiação divina perfeita. Por isso, todos aqueles que se deixam mover pelo Espírito de Deus, esses são filhos de Deus (Rm 8,14: "ὅσοι γὰρ πνεύματι θεοῦ ἄγονται, οὗτοι υἱοὶ θεοῦ εἰσιν / *De fato, todos aqueles que são conduzidos pelo Espírito de Deus, esses são filhos de Deus*").

Ser filho de Deus significa estar sob a moção do Espírito Santo. O Apóstolo Paulo acrescenta que temos um espírito filial, um dom de confidência filial, um dom espiritual vindo do Espírito Santo que testemunha ao nosso espírito que somos filhos de Deus (Rm 8,15; Gl 4,6). Nisso somos chamados a reproduzir em nós mesmos a imagem do Filho Único (Rm 8,29), pois fomos instituídos coerdeiros com Ele (Rm 8,17). Assim, somos filhos adotivos no Filho pela natureza, e Deus nos trata como tais, inclusive quando tem que nos corrigir[236] (Hb 12,5-12).

5.3 O dualismo espírito e carne

Numa perspectiva bíblica, para o dualismo espírito-carne, podemos encontrar duas realidades[237]: a primeira é uma profecia de Ez 37,5-10, na qual o "πνεῦμα ζωῆς / *Espírito de vida*" é soprado no homem que o recobre de "σάρκας / *carne*", mostrando a situação de vida atual e antiga do homem. Já a segunda exprime o composto humano na sua concepção cristianizada (1Cor 5,5: "[...] παραδοῦναι τὸν τοιοῦτον τῷ σατανᾷ εἰς ὄλεθρον τῆς σαρκός, ἵνα τὸ πνεῦμα σωθῇ ἐν τῇ ἡμέρᾳ τοῦ κυρίου. / [...] *entreguemos tal homem a satanás para a perda da sua carne, a fim de que o espírito seja salvo no dia do Senhor*").

---

236. LÉON-DUFOUR, X. *Hijo de Dios*, p. 386-387.

237. CERFAUX, O. *O cristão na teologia de Paulo*, p. 460.

5.3.1 O dualismo

Paulo parte da suposta oposição citada em Gl 3,3: "οὕτως ἀνόητοί ἐστε, ἐναρξάμενοι πνεύματι νῦν σαρκὶ ἐπιτελεῖσθε / *Sois tão insensatos que, tendo começado com o espírito, agora acabais na carne?*" entre a prática da lei e as manifestações carismáticas dos cristãos; ou seja, a lei é a religião da carne, e a fé como seguimento de Cristo constitui a vida no Espírito. Ele procura demostrar a distinção espírito-carne com dois exemplos: o primeiro com os dois filhos de Abraão: o que nasceu da escrava "κατὰ σάρκα / *segundo a carne*", e o que nasceu de Sara – mulher livre – que é do "τῆς ἐπαγγελίας / *da promessa*" ou "κατὰ πνεῦμα / *segundo o Espírito*", que nasce em vista de Cristo. Assim, a mulher livre é a Jerusalém celeste, e o povo antigo é o filho da escrava.

O segundo exemplo é uma comparação com a lei. A lei prescreve a circuncisão na carne, mas ela não é *de per si* segundo a carne, mas "πνευματικός / *espiritual*" enquanto representa a vontade de Deus – isto é, traz em si a promessa de Cristo – pois indica a direção que se deve tomar porque Deus fala através dela. A lei não foi compreendida porque permaneceu letra, ao passo que a intenção era divina (segundo o Espírito). Assim, o povo que vive segundo a carne não a entende, pois não submeteu à lei tal como Deus tinha querido, aberta para Cristo. Nisso o povo exaltou a letra da lei em detrimento do Espírito na qual havia sido criada[238].

---

238. Ibid., p. 461-463.

O ser na carne é o contrário de caminhar no Espírito[239]. A carne representa o ser humano na sua fraqueza, no seu egocentrismo, na sua autoafirmação, na sua ignorância obstinada em oposição à vontade de Deus; ou seja, a sua humanidade em Adão que o leva à morte por causa dos desejos carnais. Contudo, com a certeza de que a carne foi redimida pela morte e ressurreição de Jesus, pode-se afirmar ainda que o cristão, mesmo sendo redimido, ele é de carne, vendido como escravo do pecado, tendo o seu corpo só parcialmente espiritualizado, pois Cristo condenou o pecado na carne (Rm 8,3: "Τὸ γὰρ ἀδύνατον τοῦ νόμου ἐν ᾧ ἠσθένει διὰ τῆς σαρκός, ὁ θεὸς τὸν ἑαυτοῦ υἱὸν πέμψας ἐν ὁμοιώματι σαρκὸς ἁμαρτίας καὶ περὶ ἁμαρτίας κατέκρινεν τὴν ἁμαρτίαν ἐν τῇ σαρκί [...] / *De fato – coisa impossível à lei, porque enfraquecida pela carne – Deus, enviando o seu próprio Filho numa carne semelhante à do pecado e em vista do pecado, condenou o pecado na carne* [...]"), de modo que o homem

---

239. PAIGE, T. *Spirito Santo*, p. 1.498. "Dado que a humanidade participa coletivamente da natureza de Adão caído, a vida atual do crente é caracterizada pela luta, ao longo do tempo que se estende entre os dois *éons*. A influência da natureza antiga não falha, mesmo que os crentes agora pertençam à era futura, à nova humanidade em Cristo. 'Também nós, que possuímos as primícias do Espírito, gememos interiormente, aguardando a adoção dos filhos, a redenção do nosso corpo' (Rm 8,23). A redenção de Cristo incluirá também a completa renovação do aspecto físico, quando na parusia os cristãos ressuscitarem dos mortos e receberem 'corpos espirituais' (1Cor 15,42-54; 2Cor 5,1-5). Por outro lado, devemos levar a sério o que Paulo diz em Rm 8, a saber: que uma simples escolha da estrada da vida, de andar no Espírito e de agradar a Deus é realmente possível no tempo presente. O Espírito oferece novas possibilidades aos homens, e sua presença poderosa caracteriza a nova existência, que é o indicativo (i. é, afirmação de uma situação factual) na qual o imperativo ético se baseia. Não se trata apenas de acreditar em um conteúdo objetivo e legal; segundo Paulo, essa vida no Espírito deve ser traduzida em um compromisso concreto no meio do mundo. Diz em Gl 5,16: '[...] portanto: andem segundo o Espírito, e não estará inclinado a satisfazer os desejos da carne' (cf. Rm 8,12-17; 1Ts 1,4-10; 4,3-8)".

continua submisso ao pecado se não aderir à vida no Espírito[240], até o momento em que o corpo passe a ser totalmente espiritualizado na ressurreição da carne, à qual professamos e cremos. Paulo tem consciência dessa fraqueza do homem e, por isso, numerosas vezes o instrui para não pecar (Rm 6,12-16; 8,12-14; 1Cor 5,9-13; 6,18-20; 10,11-14.18-22.31; 2Cor 12,21; Gl 5,16-26), exortando a escolha da estrada que leva à vida no Espírito, porque somente "no Espírito se pode dizer que o cristão cumpre a lei"[241] (Rm 8,1-4.12-15).

5.3.2 A vitória do Espírito

O Triunfo do Espírito sobre a carne no homem está ligado à sua vontade de viver segundo o Espírito. Teologicamente, o Espírito domina a carne com a vitória de Cristo em sua morte e ressurreição. Porém, a vitória se torna real se os cristãos se entregam a essa força e aceitem triunfar.

Cerfaux[242] diz que a vontade do homem era fraca, pois estava lutando sozinha contra a carne, mas com o Espírito a vontade se fortalece. O Espírito unido ao nosso νοῦς cria em nós uma natureza renovada, dando-nos novas possibilidades.

Com toda a reflexão que fizemos a partir do Apóstolo Paulo, podemos observar que a vida no Espírito é um dom de Deus, mas também é uma colaboração da nossa parte. Esse dom é manifestado no amor gratuito de Deus Pai, que veio a nós na sua liberdade por meio de seu único Filho Jesus, e na força do Espírito, para restaurar-nos da condição na qual vivíamos, con-

---

240. Ibid., p. 1.497.

241. Ibid., p. 1.498.

242. CERFAUX, L. *O cristão na teologia de Paulo*, p. 458-459.

dição essa que nos escravizava e não nos permitia viver a sua vida (Rm 6,1-11)[243], realizando a nossa vocação humana como imagem e semelhança de Deus. A ideia teológica que assim tentamos exprimir é indicada pela expressão "a colheita do Espírito". O Espírito Santo está em nós como sementes; as sementes são a causa da colheita, mas esta não se faz sem o trabalho do homem – ou seja, depende do homem –, que pelo Espírito retomou a autonomia da sua vontade com intuito de usá-la para que, conduzido pelo mesmo Espírito, cumpra o desejo de Deus Pai em seu plano de Salvação.

5.4 Filiação

O fundamento teológico para a filiação divina daquele que crê está na filiação de Jesus, o Filho de Deus que veio ao mundo para salvar a humanidade. Schweiser afirma que a filiação se dá quando "Deus manda seu Filho (Rm 8,3s.; Gl 4,4) para que, com sua morte, seja desfeita a maldição e o sentido da força que a lei exerce sobre os homens (Rm 8,3s.; Gl 4,5)"[244]. Por sua vez, Schlier distingue entre a possibilidade de ser filhos e a realidade: "a primeira é dada com a vinda de Cristo; já a segunda com o batismo. Entretanto, deve-se falar da realidade da filiação dada pela morte de Jesus e efetivada não só no batismo, mas na prática da vida de fé, na oração e na esperança"[245].

---

243. Gostaria de sublinhar que, quando falamos em "vivermos a vida de Deus", trata-se de participação pelo batismo na filiação adotiva; ou seja, filhos no Filho.

244. SCHLIER, apud SCHWEIZER, E. υἱός, p. 252.

245. Ibid., p. 252-253.

É a partir da filiação que o cristão envolvido pelo Espírito clama a Deus com convicção e afeto de filho: *Abba* – Pai! Essa verdade contrasta com o desejo de viver na carne e, assim, morrer para o espírito de escravidão (Rm 8,12.15)[246]. De fato, Paulo afirma na Carta aos Romanos que os cristãos não receberam um espírito de escravidão, mas um espírito de filiação, no qual o mesmo Espírito afirma ao nosso ser que somos filhos. Essa afirmação é a base para a vida antecipada de novas criaturas, de filhos de Deus (Rm 8,14.19; 9,26; Gl 3,26; 4,6-7).

Em suma, a filiação nos faz participar do sofrimento de Cristo para que, com Ele, possamos ser glorificados. Ser de Cristo significa torna-se herdeiros de Deus e coerdeiros, por Ele, de Deus Pai. E sendo assim, ao participarmos da sua glória recebemos a plenitude da filiação que em Cristo Jesus já havíamos experimentado antecipadamente na sua morte e ressurreição pelo batismo e adesão na fé.

---

246. BRAY, G. *La Biblia comentada por los Padres de la Iglesia* – Nuevo Testamento 6: Romanos, p. 306-307: "Segundo Constâncio, no comentário à Carta aos Romanos, 'Paulo ensina claramente que ele não havia tratado da morte humana comum e natural quando disse: 'Bem, se você vive de acordo com a carne, você morre'. Antes, refere-se à morte do castigo eterno; não é porque a carne humana é má e o espírito é bom, por isso elogia o espírito e insulta a carne [...]. Disse isso, pois queria provar que a maioria das paixões é desejo do corpo humano, que temos em comum com os outros animais irracionais. Da mesma forma que outros animais nascem da terra, assim também é o corpo que temos; entretanto, nossa alma é espiritual, incorpórea, racional e imortal".

6

Conclusão

Procurar refletir sobre a grande dádiva da filiação divina num contexto bíblico não é uma tarefa tão fácil como se pensa, por dois motivos particulares. Primeiro, porque o mistério sempre vai muito além da nossa capacidade de refletir e exprimir, permanecendo sempre inesgotável, por mais que consigamos adentrar em seu bojo. Segundo, porque toda reflexão depende de um estudo complexo dentro de vários ambientes de cogitação; porém, muitos são os estudos já realizados até então e muito caminho ainda temos e podemos trilhar.

Nosso primeiro passo foi oferecer dados sobre o contexto do mundo da época paulina, especialmente da capital do Império Romano. Por isso mesmo, iniciamos nosso itinerário tentando conhecer um pouco das questões preliminares que envolvem o *Sitz im Leben* de Roma. Com o decorrer do estudo, e procurando conhecer a pessoa de Paulo, procuramos deixar mais claro que nessa carta endereçada aos romanos o Apóstolo tinha em vista duas realidades: a) o desejo de estimular os membros judeu-cristãos daquela comunidade a se abrirem ao universalismo do Evangelho, contra toda forma de particularismo judaico ou judaísta[247] que pairava sobre o cristianismo de então, uma vez que a comunidade de Roma já contava com a presença de gentios-cristãos; b) seu outro desejo era realmente o de escrever sua *opus maius* – isto é, seu testamento – pois ele já se via como homem que estava envelhecendo, e o tempo se abreviava. Tendo em vista estes dois aspectos, não resta dúvidas do quanto foi importante a cidade de Roma na visão do Apóstolo, haja vista sua intenção de realizar o seu projeto de evangelização na capital do Império, passando por lá; ou seja, indo visitar a Igreja de Roma (Rm 1,10; 15,22-32).

Com a aplicação dos métodos histórico-crítico e retórico identificamos como está disposta e estruturada a perícope de Rm 8,14-17. Constitui-se num texto aparentemente simples, sem grandes problemas nas notas de seu aparato crítico que questionasse a autenticidade de suas variantes, sem influências *ad extra* de fragmentos na sua confecção e estilo impresso do autor e com enorme teor teológico-bíblico. Aliás, ela conta com uma *lectio comunis* em muitas de suas variantes.

Mediante comentário exegético, coração de nossa obra, de acordo com os versículos escolhidos da perícope de Rm 8,14-17, chegamos à conclusão de que, de fato, a mensagem que Paulo apóstolo tinha proposto para a comunidade de Roma, e que também serve para cada um de nós, tem analogamente com o texto da Tanak, um caráter exodal. Isto é, assim como o povo hebreu, que foi oprimido com a escravidão no Egito, celebrou sua páscoa, sendo liberado pelo poder e pela força

---

247. PENNA, R. *Lettera ai Romani*, p. 43-50.

amorosa de Deus, ao longo de todo o deserto, assim também todo aquele que crê e adere ao Cristo pelo batismo é liberado do domínio do pecado e da morte pela páscoa definitiva, realizada no nome do Filho unigênito de Deus, Cristo Jesus, aquele que deu a vida na cruz para nos salvar, morreu e ressuscitou para nos resgatar do pecado e nos trazer para a vida nova dos filhos e filhas de Deus. No entanto, para participarmos dessa vida nova precisamos nos deixar conduzir pelo Espírito Santo, pois Ele é capaz de gerar em nós a filiação divina. Nesse ponto vale ressaltar que a condução realizada pelo Espírito, representada pelo verbo "ἄγονται / *ser conduzido*", assume a voz média, conforme defende Wilckens[248], pois a ação não é nossa, e sim do Espírito Santo que atua em nós. Ou seja, o cristão assume o compromisso de se deixar e se permitir ser conduzido pelo Espírito Santo, de evitar a dimensão estática, através de uma ação conjunta entre quem conduz e quem se deixa conduzir, como que numa ação de total cumplicidade com o projeto do Pai.

Depois do caminho percorrido por meio da exegese, para nós ficou mais claro ainda que a temática mais marcante em Rm 8 é o enfoque a pneumatológico, pois é o Espírito Santo quem nos gera e nos faz filhos no Filho. Nesta etapa de nosso trabalho, observamos que, aquele que se permitiu chegar a esse estado de vida, guiado pelo Espírito Santo, pode, como nos indica Paulo, clamar e gritar ao eterno Deus, chamando-o de "Ἀββά / *Pai*" (Rm 8,15: "ἐν ᾧ κράζομεν Ἀββά ὁ πατήρ / *no qual gritamos: Abba – Pai*"). Paulo não tem dúvidas de que somente

---

248. WILCKENS, U. *La Carta a los Romanos 6–16* (II), p. 169.

pelo Espírito Santo que vive dentro de nós – que impulsiona a nos manternos guiados por Ele – e pela morte e ressurreição de Cristo, é que obtivemos e temos a dignidade de ser filhos no seu único Filho, Jesus Cristo. Por isso, julgamos importante fazer, na última parte desta obra, uma reflexão teológico-bíblica sobre o Espírito e a Filiação, como apresentamos ao longo dela.

Em nossas reflexões, identificamos que na condição de filhos de Deus, a vida do cristão tem sentido somente se vivida em Cristo na fé e através do seu Espírito: "διὰ τοῦ πνεύματος" (Rm 8,11). De fato, mesmo com a fé, não podemos viver sem o Espírito de Cristo. O próprio Apóstolo Paulo não hesita em afirmar: "οὐδεὶς δύναται εἰπεῖν Κύριος Ἰησοῦς, εἰ μὴ ἐν πνεύματι ἁγίῳ / *ninguém pode dizer que Jesus é o Senhor senão pelo Espírito Santo*" (1Cor 12,3b). O Apóstolo não tem dúvidas em esboçar que é o Espírito Santo quem transforma a nossa vida, e é Ele quem, através do Batismo, dá-nos a dignidade de sermos filhos de Deus, a capacidade de frear as forças e dinâmicas das obras da carne, mortificando, assim, as concupiscências e negando o pecado, que sem a ação do Espírito Santo atuaria de forma dominante em nós. É o Espírito Santo quem "modela o ícone" do Filho em nós (εἰκονοπλαστῆς), nos cristianiza e, assim, nos diviniza[249].

Enfim, esperamos que esta nossa obra, "a quatro mãos", embora não apresente uma novidade, possa motivar novos estudos, com a ajuda do próprio Espírito Santo e do esforço

---

249. GARCÍA, A.M. *La sabiduría del Espíritu és biogéna* – Hacia una sintaxis de la alteridad (Rom 8,6 y Flp 2,2), p. 15.

pessoal, procurando desvelar, sempre e cada vez mais, segundo o coração de Deus, a superlativa beleza e a riqueza desse maravilhoso mundo que é a Sagrada Escritura, palavra do Eterno Pai, que, especialmente por meio do Verbo Encarnado, quis revelar e comunicar a seus filhos e filhas, segundo seu desígnio de amor benevolente e misericordioso.

7

Referências

7.1 Fontes

Bíblia de Jerusalém. São Paulo: Paulus, 1995.

Bíblia TEB – Tradução Ecumênica da Bíblia. São Paulo: Loyola, 1994.

KITTEL, R. et al. *Biblia Hebraica Stuttgartensia*. Editio Funditus Renovata. Stuttgart: Deutsche Bibelstiftung, 1990.

NESTLE, E. & ALAND, K. *Novum Testamentum Graece*. 28. rev. aufl. Stuttgart: Deutsche Bibelgesellschaft, 2012.

RAHLFS, A. & HANHART, R. *Septuaginta* – Id est Vetus Testamentum graece iuxta LXX interpretes. Editio altera. Stuttgart: Deutsche Bibelgesellschaft, 2006.

7.2 Comentários e obras diversas

ALETTI, J.N. *Romanos* – Comentario Bíblico Internacional. Estella, Nav.: W.R. Farmer, 1999, p. 1.416-1.458.

ALEXANDER, L.C.A. "Cronologia di Paolo". In: HAWTHORNE, G.F.; MARTIN, R.P. & REID, D.G.(eds.). *Dizionario di*

Paolo e delle sue Lettere. Cinisello Balsamo: San Paolo, 2000, p. 408-421.

ALONSO SCHÖKEL, L. *Dicionário Bíblico Hebraico-Português.* São Paulo: Paulus, 1997.

ALTHAUS, P. *La Lettera ai Romani.* Bréscia: Paideia, 1970.

AUNE, D.E. "Imperatori Romani". In: HAWTHORNE, G.F.; MARTIN, R.P. & REID, D.G. (eds.). *Dizionario di Paolo e delle sue Lettere.* Cinisello Balsamo: San Paolo, 2000, p. 847-850.

BALZ, H. "φόβος". In: BALZ, H. & SCHNEIDER, G. (eds.). *Dizionario Esegetico del NT.* Bréscia: Paideia, 2004, p. 1.814-1.819.

BALZ, H. & SCHNEIDER, G. *Dizionario Esegetico del NT.* 2. ed. Bréscia: Paideia, 2004.

BARBAGLIO, G. *La teologia di Paolo.* Bolonha: EDB, 1999.

_____. "La persona e l'opera di Paolo". In: SACCHI, A. et al. (eds.). *Lettere Paoline e altre lettere* – LCSB 6. Turim: Elledici, 1996, p. 53-68.

_____. *"Le Lettere di Paolo, I-III".* Roma: Borla, 1980.

BETZ, H.D. "θεός". In: BALZ, H. & SCHNEIDER, G. *Dizionario Esegetico del NT.* Bréscia: Paideia, 2004, p. 1.612-1.619.

BLASS, F. & DEBRUNNER, A. *A Greek Grammar of the New Testament and Other Early Christian literature.* Chicago: The University of Chicago Press, 1961.

BORSE, U. "ἄγω". In: BALZ, H. & SCHNEIDER, G. *Dizionario Esegetico del NT.* Bréscia: Paideia, 2004, p. 64-65.

BOTTERWECK, G.J. & RINGGREN, H. *Grande Lessico dell'AT*. Brescia: Paideia, 2003.

BRAY, G. *La Biblia Comentada por los Padres de la Iglesia*: NT 6 – Romanos. Madri: Ciudad Nueva, 2000.

BRODEUR, S. *La dimensione escatologica de la morale cristiana in Rom 8* – StMor 36. Roma: Università Gregoriana, 1988, p. 393-419.

BRUCE, F.F. *Romanos*: introdução e comentário. São Paulo: Vida Nova, 1979.

CERFAUX, L. *O cristão na teologia de Paulo*. São Paulo: Teológica, 2003.

CIPRIANI, S. *Epistola ai Romani* – Introduzione alla Bibbia, I. Milão San Paolo, 1966.

COENEN, L. et al. *Dizionario dei Concetti Biblici del NT*. Bolonha: EDB, 1976.

CRAFTON, J.A. *Paul's Rhetorical Vision and the Purpose of Romans* – Toward a New Understanding: NT 32. Evanston, Il: Biblical Studies, 1990, p. 317-339.

CRANFIELD, C.E.B. *Carta aos Romanos*. São Paulo: Paulinas, 1992.

DUNN, J.D.G. *Jesus y el Espíritu* – La experiencia carismática de Jesús y sus apóstoles. Barcelona: Clie, 2014.

_____. *A teologia do apóstolo Paulo*. São Paulo: Paulus, 2003.

_____. "Lettera ai Romani". In: HAWTHORNE, G.F.; MARTIN, R.P. & REID, D.G. *Dizionario di Paolo e delle sue Lettere*. Cinisello Balsamo: San Paolo, 2000, p. 1.353-1.375.

_____. *Romans 1–8* – WBC 38. Dallas: Word Books, 1988.

FENDRICH, H. "κράζω". In: BALZ, H. & SCHNEIDER, G. *Dizionario Esegetico del NT*. Bréscia: Paideia, 2004, p. 90-92.

FITZMYER, J.A. *La Lettera ai Romani* – Commentario critico-teologico. Casale Monferrato: Piemme, 1999.

FOERSTER, W. & HERRMANN, J. "κληρονόμος". In: KITTEL, G. & FRIEDRICH. G. *Grande Lessico do NT*. Vol. V. Bréscia: Paideia, 1969, p. 611-663.

FREEDMAN, D.N. "יְהוָה". In: BOTTERWECK, G.J. & RINGGREN, H. *Grande Lessico dell'AT*. Vol. III. Bréscia: Paideia, 2003, p. 621-622.

FRIEDRICH, J.H. "κληρονόμος". In: BALZ, H. & SCHNEIDER, G. *Dizionario Esegetico del NT*. Bréscia: Paideia, 2004, p. 49-52.

GARCÍA, A.M. "La sabiduría del Espíritu es biógena – Hacia una Sintaxis de la alteridad (Rom 8,6 y Flp 2,2)". In: *Estudios Bíblicos*, 60, 2002, p. 3-30. Madri.

GONZAGA. W. "Nascido de mulher" (Gl 4,4)". In: *Horizonte*, vol. 17, n. 53, mai.-ago./2019, p. 1.194-1.216. Belo Horizonte: PUC-Minas.

_____. *Compêndio do Cânon Bíblico* – Listas bilíngues dos Catálogos Bíblicos: Antigo Testamento, Novo Testamento e Apócrifos. Rio de Janeiro/Petrópolis: EdiPUC-Rio/Vozes, 2019.

_____. "A *via caritatis* como incansável prática do bem [*AL* 306 (Gl 5,14) e *AL* 104 (Gl 6,9)]". In: FERNANDES, L.A. (org.). *Amoris Laetitia em questão* – Reflexões bíblicas, teológicas e pastorais. São Paulo: Paulinas, 2018, p. 47-67.

_____. "O *Corpus Paulinum* no Cânon do Novo Testamento". In: *Atualidade Teológica*, vol. 21, n. 55, jan.-abr./2017, p. 19-41. Rio de Janeiro: PUC-Rio.

_____. "O amor de Deus e do próximo na *Gaudium et Spes*, 16 e 24". In: FERNANDES, L.A. (org.). *Gaudium et Spes em questão* – Reflexões bíblicas, teológicas e pastorais. São Paulo: Paulinas, 2016, p. 15-39.

_____. *Os conflitos na Igreja primitiva entre Judaizantes e Gentios em Gálatas e Romanos*. Santo André: Academia Cristã, 2015.

_____. "A Sagrada Escritura, a alma da Sagrada Teologia". In: MAZZAROLO, I.; FERNANDES, L.A. & LIMA, M.L.C. *Exegese, teologia e pastoral*: relações, tensões e desafios. Rio de Janeiro/Santo André: PUC-Rio/Academia Cristã, 2015, p. 201-235.

_____. "A noção de ἀλήθεια e de εὐαγγέλιον no NT". In: *Atualidade Teológica*, ano 18, fasc. 46, 2014, p. 15-37. Rio de Janeiro: PUC-Rio.

GUTHRIE, D. & MARTIN, R.P. "Dio". In: HAWTHORNE, G.F.; MARTIN, R.P. & REID, D.G. *Dizionario di Paolo e delle sue Lettere*. Cinisello Balsamo: San Paolo, 2000, p. 445-468.

HAHN, F. "υἱός". In: BALZ, H. & SCHNEIDER, G. *Dizionario Esegetico del NT*. Bréscia: Paideia, 2004, p. 1.687-1.713.

_____. "Χριστὸς". In: BALZ, H. & SCHNEIDER, G. *Dizionario Esegetico del NT*. Bréscia: Paideia, 2004, p. 1.933-1.953.

HANSEN, G.W. "Critica retorica". In: HAWTHORNE, G.F.; MARTIN, R.P. & REID, D.G. *Dizionario di Paolo e delle sue Lettere*. Cinisello Balsamo: San Paolo, 2000, p. 384-389.

HAWTHORNE, G.F.; MARTIN, R.P. & REID, D.G. *Dizionario di Paolo e delle sue Lettere*. Cinisello Balsamo: San Paolo, 2000.

HENDRIKSEN, W. *Romanos* – Comentário do Novo Testamento. São Paulo: Cultura Cristã, 2011.

HENGEL, M. *Il Paolo precristiano*. Bréscia: Paideia, 1992.

HOLTZ, T. "οὗτος". In: BALZ, H. & SCHNEIDER, G. *Dizionario Esegetico del NT*. Bréscia: Paideia, 2004, p. 691-692.

HURTADO, L.W. "Figlio di Dio". In: HAWTHORNE, G.F.; MARTIN, R.P. & REID, D.G. *Dizionario di Paolo e delle sue Lettere*. Cinisello Balsamo: San Paolo, 2000, p. 615-626.

JEREMIAS, J. Ἀββά – Supplmenti al Grande Lessico del NT. Bréscia: Paideia, 1968.

KAMLAH, E. "Spirito". In: COENEN, L. et al. *Dizionario dei Concetti Biblici del NT*. Bolonha: EDB, 1976, p. 1.791.

KERTELGE, K. *A Epístola aos Romanos*. Petrópolis: Vozes, 1982.

KITTEL, G. "Ἀββά". In: KITTEL, G. & FRIEDRICH. G. *Grande Lessico del NT*. Vol. I. Bréscia: Paideia, 1965, p. 15-18.

KREMER, J. "πνεῦμα". In: BALZ, H. & SCHNEIDER, G. *Dizionario Esegetico del NT*. Bréscia: Paideia, 2004, p. 1.009-1.011.

KRETZER, A. "λαμβάνω". In: BALZ, H. & SCHNEIDER, G. *Dizionario Esegetico del NT*. Bréscia: Paideia, 2004, p. 148-152.

KUHN, H.W. "Ἀββά". In: BALZ, H. & SCHNEIDER, G. *Dizionario Esegetico del NT*. Bréscia: Paideia, 2004, p. 1-3.

LAGRANGE, J.M. "Saint Paul: l'Épître aux Romains". In: *Études Bibliques,* XVIII-XX, 1916. Paris.

LEENHARDT, F.J. *L'Épître de St. Paul aux Romains*. Neuchâtel/Paris: Desclée de Brouwer, 1962.

LÉGASSE, S. *L'Épître de Paul aux Romains*. Paris: Cerf, 2002.

_____. *Paolo Apostolo*: Biografia critica. Roma: Città Nuova, 1994.

LEON-DUFOUR, X. *Vocabulario de Teología Bíblica*. 17. ed. Barcelona: Herder, 1996.

LIMA, M.L.C. *Exegese bíblica*: teoria e prática. São Paulo: Paulinas, 2014.

MAPILA, M. *Glossários de numismática antiga* [Disponível em http://www.tesorillo.com/roma/1tipos.htm#D,2006 – Acesso em 11/07/2017].

MAZZAROLO, I. *A Carta aos Romanos* – Educar para a maturidade e o amor. Rio de Janeiro: Mazzarolo, 2006.

MICHAELIS, W. "συμπάσχω". In: KITTEL, G. & FRIEDRICH. G. *Grande Lessico del NT*. Vol. XII. Bréscia: Paideia, 1974, p. 1.046-1.051.

MILLOS, S.P. *Romanos* – Comentario exegético al texto griego del NT. Barcelona: Clie, 2011.

MÜLLER, P.G. "οὐ". In: BALZ, H. & SCHNEIDER, G. *Dizionario Esegetico del NT*. Bréscia: Paideia, 2004, p. 667-669.

MURPHY-O'CONNOR, J.P. *Vita di Paolo* – Introduzione allo Studio della Bibbia. Supplementi 13. Bréscia: Paideia, 2003.

OBERMAYER, H. et al. "Paolo". In: OBERMAYER, H. et al. (eds.). *Piccolo Dizionario Biblico*. 7. ed. Cinisello Balsamo: San Paolo, 1997, p. 238-240.

_____. "Paraclito". In: OBERMAYER, H. et al. (eds.). *Piccolo Dizionario Biblico*. 7. ed. Cinisello Balsamo: San Paolo, 1997, p. 242.

_____. "Spirito". In: OBERMAYER, H. et al. (eds.). *Piccolo Dizionario Biblico*. 7. ed. Cinisello Balsamo: San Paolo, 1997, p. 305-306.

_____. *Piccolo Dizionario Biblico*. Cinisello Balsamo: San Paolo, 1988 [7. ed., 1997] [Org. de A. Minissale].

PAIGE, T. "Spirito Santo". In: HAWTHORNE, G.F.; MARTIN, R.P. & REID, D.G. *Dizionario di Paolo e delle sue Lettere*. Cinisello Balsamo: San Paolo, 2000, p. 1.489-1.504.

PENNA, R. *Lettera ai Romani: Rm 6–11 (II)* – Scritti delle origini cristiane 6. Bolonha: Dehoniane, 2006.

_____. *Lettera ai Romani: Rm 1–5 (I)* – Scritti delle origini cristiane 6. Bolonha: Dehoniane, 2004.

_____. *I Ritratti originali di Gesù il Cristo: Inizi e sviluppi della cristologia neotestamentária* – I: Gli sviluppi, Studi sulla Bibbia e il suo Ambiente. Cinisello Balsamo: San Paolo, 1996 [3. ed., 2001].

_____. "Non uno spirito da schiavi per ricadere nella paura (Rm 8,15)". In: *PSV* – Quaderni di lettura bíblica 33, 1996, p. 147-161. Bolonha: EDB.

PERROT, C. *Epístola aos Romanos*. São Paulo: Paulinas, 1993.

PITTA, A. *Lettera ai Romani: nuova versione, introduzione e comento* – LBNT 6. Milão: San Paolo, 2001.

_____. *Disposizione e messaggio della Lettera ai Galati: analisi retorico-letteraria* – Analecta biblica. Roma: Pontificia Università Gregoriana, 1992.

PORSH, F. "παράκλητος". In: BALZ, H. & SCHNEIDER, G. *Dizionario Esegetico del NT*. Bréscia: Paideia, 2004, p. 778-781.

PRIDIK, K.H. "γὰρ". In: BALZ, H. & SCHNEIDER, G. *Dizionario Esegetico del NT*. Bréscia: Paideia, 2004, p. 628-630.

RADL, W. "ὅσος". In: BALZ, H. & SCHNEIDER, G. *Dizionario Esegetico del NT*. Bréscia: Paideia, 2004, p. 661-663.

RAVASSI, G.F. *La Lettera ai Romani*. Bolonha: Dehoniane, 1990.

REASONER, M. "Roma e il cristianesimo romano". In: HAWTHORNE, G.F.; MARTIN, R.P. & REID, D.G. *Dizionario di Paolo e delle sue Lettere*. Cinisello Balsamo: San Paolo, 2000, p. 1.345-1.353.

RENARD, H. & GRELOT, P. "Hijo de Dios". In: LÉON-DUFOUR, X. *Vocabulario de Teología Bíblica*. Barcelona: Herder, 1966, p. 384-387.

RICCIOTTI, G. *Paolo Apostolo* – Biografia con introduzione crítica. Roma: Coletti, 1958.

RUPPRECHT, A.A. "Schiavo, schiavitù". In: HAWTHORNE, G.F.; MARTIN, R.P. & REID, D.G. *Dizionario di Paolo e delle sue Lettere*. Cinisello Balsamo: San Paolo, 2000, p. 1.416-1.419.

SACCHI, A. *Lettera ai Romani* – NT: esegetico e spirituale. Roma: Città Nuova, 2000.

_____. "La cronologia Paolina". In: SACCHI, A. et al. (eds.). *Lettere Paoline e altre lettere* – LCSB 6. Turim: Elledici, 1996, p. 61-68.

SAMPAIO, B.A.C. *A noção de κληρονόμος nas epístolas paulinas aos Romanos e aos Gálatas*. Roma: Pontificia Universitas Sanctae Crucis, 2000, 167 p. [Tese de doutorado].

SANCHEZ BOSCH, J. *Escritos paulinos* – IEB 7. Estalla, Nav.: Verbo Divino, 1998.

SCHLIER, H. *La Lettera ai Romani*. Bréscia: Paideia, 1982.

SCHNEIDER, G. "τέκνον". In: BALZ, H. & SCHNEIDER, G. *Dizionario Esegetico del NT*. Bréscia: Paideia, 2004, p. 1.584-1.587.

SCHWEIZER, E. "υἱός". In: KITTEL, G. & FRIEDRICH, G. *Grande Lessico do NT*. Vol. XIV. Bréscia: Paideia, 1984, p. 247-254.

SPREAFICO, A. *El Libro del Éxodo*. Barcelona: Herder, 1995.

STENDAHL, K. *Paolo tra ebrei e pagani* – Picolla Collana Moderna. Turim: Claudiana, 1995 [Serie Teologica. 74].

STRATHMANN, H. "μάρτυς". In: KITTEL, G. & FRIEDRICH, G. *Grande Lessico del NT*. Vol. VI. Bréscia: Paideia, 1970, p. 1.269-1.372.

_____. "συμμαρτυρεῖ". In: KITTEL, G. & FRIEDRICH, G. *Grande Lessico del NT*. Vol. VI. Bréscia: Paideia, 1970, p. 1.374-1.377.

TORTI, G. *La Lettera ai Romani* – SB 41. Bréscia: Paideia, 1977.

VANNI, U. *L'ebbrezza nello Spirito*. Roma: ADP, 2000.

_____. *Lettera ai Galati e ai Romani*. Turim: Claudiana, 1989, p. 72.

_____. "Lo Spirito e la libertà secondo Paolo". In: *PSV* – Quaderni di Lettura Bíblica 4: Lo Spirito del Signore. Bolonha: EDB, 1979, p. 173-185.

VASCONCELOS, F.A. *Abba ho Patēr e Syn-construtos* – Formas de antitéticas à idolatria/sincretismo em Rm 8,14-17. Rio de Janeiro: PUC-Rio, 2013, 319 p. [Tese de doutorado].

VON MARTITZ, P.W. "υἱοθεσία". In: KITTEL, G. & FRIEDRICH, G. *Grande Lessico del NT*. Vol. XIV. Bréscia: Paideia, 1984, p. 268-271.

WEISER, A. "δουλ-". In: BALZ, H. & SCHNEIDER, G. *Dizionario Esegetico del NT*. Bréscia: Paideia, 2004, p. 926-936.

WILCKENS, U. "La Carta a los Romanos 6–16 (II)". In: *BEB*, 61, 1992, p. 62. Salamanca: Sigueme.

WINTER, B.W. "Retorica". In: HAWTHORNE, G.F.; MARTIN, R.P. & REID, D.G. *Dizionario di Paolo e delle sue Lettere*. Cinisello Balsamo: San Paolo, 2000, p. 1.326-1.328.

ZEDDA, S. *Prima lettura di S. Paolo*. Bréscia: Paideia, 1963 [5. ed., 1973].

ZELLER, D. *Lettera ai Romani*. Bréscia: Paideia, 1998.

Índice de citações bíblicas

Antigo Testamento
Gênesis
1,2: 99
1,26: 102
1,26-31: 14
2,7: 97, 102
6,3: 99
7,15: 97
12: 85
15,2: 75
45,27: 97
48,5: 75

Êxodo
4,2: 61
4,22: 63
10,13: 97
32,13: 84
34,6: 14

Levítico
4,3.5.16: 87
6,15: 87

Números
5,14.30: 69
11,25: 97
11,29: 99
26,52-56: 84

Deuteronômio
6,10: 84

21,23: 29
32,6: 61
32,12: 57

Juízes
6,34-35: 99
14,19: 99
15,14-15: 99
15,19: 97

1Samuel
9,16: 87
10,1.6-9.13: 87
10,6: 99
12,3.5: 87
16: 85
16,3.12: 87
19,20-24: 99
24,7.11: 98
26,9-11.23: 87

2Samuel
1,14.16: 87
7,8-16: 87

7,14: 8
19,22: 87
23,1: 87

1Reis
1,34: 87
19,15: 87
19,16: 87

2Reis
2,9.15: 87, 99
9,3.6.12: 87

1Crônicas
28,6: 75
29,22: 87

Judite
9,7-15: 87
14,6: 97

Jó
32,8: 99
34,14: 97

Salmos	Isaías
2,7: 8, 14	4,4: 99
18,51: 87	19,14: 97
24,1: 14	28,5-6: 99
51,10-11: 99	32,15: 99
51,13: 99	42,5: 99
82[81],6: 152	44,3: 99
89,12: 14	45,1: 87
89,27: 14	59,21: 99
103,13: 8	61,1: 87
104,29-30: 99	61,3: 69
105,15: 87	63,10: 99
132,19: 87	63,10-11: 99
143,10: 99	63,16: 99
Sabedoria	Jeremias
2,13: 61	3,19: 75
2,13.18: 63	4,11: 69
9,17: 99	
	Ezequiel
Eclesiástico	11,5: 99
45,15: 87	16: 8
48,12.24: 99	36,25-27: 99, 100
	36,26-27: 99

37,1-14: 97
37,4-14: 99
37,5-10: 107
39,27-29: 99
39,28-29: 99

Daniel
9,25: 87
13,44: 99

Oseias
2,1: 63
4,12: 69
11,1: 8

Joel
3,1-2: 99

Miqueias
3,8: 99

Malaquias
3,5: 81

Novo Testamento
Mateus
1,1-17: 85
1,20-23: 58
2,18: 83
3,17: 14
5,9: 73
6,9: 73
7,11: 83
8,9: 70
8,29: 77
9,15: 54
9,27: 14, 77
10,21: 83
14,26: 77
15,22: 77
15,26: 83
16,16: 64
17,5: 14
18,15: 83
19,29: 83
20,30-31: 77
21,2.7: 59
21,9.15: 77

22,24: 83
23,25: 71
24,45: 70
26,63: 64
27,23: 77
27,25: 83
27,50: 77, 97

Marcos
1,11: 14
3,11: 77
5,5.7: 77
5,7: 77
7,27: 83
9,7: 14
9,26: 77
10,29.30: 83
10,30: 61
10,47-48: 77
11,9: 77
12,19: 83
13,11: 59
13,12: 83
14,36: 78

15,13-14: 77
15,39: 77

Lucas
1,7.17: 83
1,15: 97
1,30-31: 58
2,1-21: 58
3,22: 14
3,23-28: 85
4,14: 97
4,40: 59
4,41: 77
6,35: 73
9,35: 14
9,39: 77
10,34: 59
12,13: 83
12,43: 70
14,26: 83
15,29: 70
18,19: 83
18,30: 61
18,39: 77

18,40: 59

19,30.35: 59

20,31: 83

20,36: 73

22,54: 59

23,28: 83

23,46: 14, 97

24,36: 102

João

1,1-18: 64

1,12: 8, 73

1,12.18: 84

3,3.5: 73

3,33: 64

6,57: 64

7,28.37.40: 77

7,45: 59

9,13: 59

10,16: 59

11,7: 59

12,13: 77

12,44: 77

14,1-4: 92

14,16: 100, 102, 103

14,16.26: 103

14,17: 103

15,15: 70

16,7: 103

16,7-11: 100

16,13: 103

17,3: 64

20,17: 9

20,19.22: 102

20,19-23.26: 102

Atos dos Apóstolos

2,10: 25, 29

2,20: 24

2,14-24.36.38-39: 100

2,37-47: 100

2,39: 83

3,32-37: 100

4,24: 67

5,26: 59

6,10-11: 28

7,40: 64

7,40.43: 65

7,57.60: 77
7,58: 25, 26
8,1-3: 25
8,3: 29
8,9: 64
8,12: 59
8,32: 60
9,1: 28
9,1-9: 103
9,1-19,25: 26
9,1-30: 25
9,23-26: 26
9,26.30: 27
11,19-26: 100
11,25-30: 25
11,27-30: 26
12,22: 64
12,25: 25, 26
13,1: 27
13,1-28,31: 25
13,33: 83
13–18: 26
14,11: 64, 65
14,28: 27

15: 25
15,36-18,17: 27
16,37: 28
17,18: 64
18,3: 28
18,12: 59
19,23: 64
19,37: 65
20: 31, 32
20,3: 31
20,12: 59
21,5.21: 83
21,39: 28
22,3: 28
22,4: 28
22,6-11: 103
23,24: 26
24,1-7: 26
25,11-12: 28
26,5: 28
26,10-11: 28
26,32: 28
28,6: 65
28,19: 28
28,30: 26

Romanos

1,1: 44, 88
1,3-4: 8, 62
1,3-4.9: 63
1,4: 106
1,6.13: 25
1,7: 29, 79, 88
1,8: 30
1,9: 104
1,10: 114
1,13: 22
1,16-17: 37
1,18-23: 64
1,18–4,25: 37
1,20: 66
1,25: 66
2,1-24: 25
2,3.5.29: 44
2,11: 104
2,15: 82
2,16: 66, 67
3,3.23: 44
3,4: 64
3,6: 67

3,9.29-30: 25
3,22: 88
4,1: 25
5,1-11: 48
5,1–8,39: 38, 42
5,2: 44
5,10: 63
6,1-11: 111
6,3: 88
6,3-5: 105
6,4: 73
6,5: 90
6–7: 72
6,12-16: 110
7,1: 25, 71
7,6: 71
7,7-25: 71
7,14-25: 150
7,25: 70
8: 42, 46
8,1-4.12-15: 110
8,1-13: 48
8,2: 57
8,3: 109, 111

8,3.29.32: 63

8,9: 76, 101, 103

8,9.11: 101

8,11: 106, 116

8,12: 60

8,12-14: 110

8,12.15: 112

8,12-17: 109

8,13: 60

13,1-7: 19

8,14: 60 ,75, 82, 107

8,14-17: 13, 17, 48, 49, 51, 93, 114

8,14-17.29: 73

8,14.19: 112

8,15: 9, 50, 70, 73, 76, 77, 78, 104, 107, 115, 150

8,15-16: 50

8,16: 76, 82, 104

8,17: 50, 85, 86, 89, 107

8,18-19: 63

8,18-25: 100

8,18-30: 48

8,19: 75

8,19-20: 106

8,19.23: 100

8,23: 75, 106, 109

8,29: 107

8,31-39: 49

9,1: 82

9,1–11,36: 38

9,4: 73, 105

9–11: 25

9,14: 75

9,26: 112

11,1: 28

11,1c: 25

11,13: 13, 25, 27

11,36: 66

12,1–13,14: 41

13,1-7: 19

13,8-10: 80

13,14: 88

13–16: 25

14,1–15,13: 41

15,6: 14, 64

15,14–16,27: 41

15,16: 25

15,19.23: 32

15,19b.22-23: 25

15,22-32: 114

15,23: 24

15,24.28: 31

15,24.28.30-31: 26

15,25: 31, 32

16: 31

16,1: 25

16,1-2: 31

16,16: 88

16,20: 67

16,23: 31

1Coríntios

1,1: 88

1,3: 79, 88

1,9: 63, 79, 104

1,14: 31

1,23: 29

2,1-5: 37

2,10-12: 100

2,11: 101, 104

2,16: 66

3,16: 100, 101

4,14.17: 83

4,21: 104

5,3.5: 104

5,5: 104, 107

5,5-6: 19

5,9: 25

5,9-13: 110

6,11: 105

6,15: 88

6,18-20: 110

7,5: 71

7,7-8: 25

7,14: 83

7,34: 104

7,40: 100

8,4-6: 64

8,5: 65

8,6: 66, 88

9,27: 70

10,10: 64

10,11-14.18-22.31: 110

11,12: 66

11,24: 61

12,3: 101

12,3b: 116
12,4-6: 101
12,4-6.11.13: 99
12,4-11: 102
12,11.13: 100
12,13: 70, 101, 105
12,26: 89
12,26a: 89
12,31–13,1: 105
14,12: 105
14,14: 104
14,15: 105
14,24: 65
14,32: 105
15,9: 28
15,23-28: 67
15,24: 67
15,24-28: 66
15,28: 63
15,42-54: 109
15,45: 106
16,1-4: 26
16,1-9: 25
16,18: 104

2Coríntios
1,1: 88
1,2: 79, 88
1,3: 14, 79
1,19: 63
1,22: 100
2,1.9-13: 25
2,17: 64
3,3: 64, 104
3,17: 101
3,18: 106
5,1-5: 109
5,5: 100, 101
5,10: 67
5,17: 106
6,13: 83
6,16: 64
7,11: 104
11,7-9.23-27.32-33: 25
11,22: 28
11,24: 61
11,31: 64
11,32-33: 26
12,2-4.14.21: 25

12,7: 28
12,14ab: 83
12,21: 110
13,1.10: 25
13,13: 88, 104

Gálatas
1,1: 14
1,1.3: 64
1,3: 15, 29, 88
1,5: 79
1,13: 28, 29
1,13-14: 28
1,13-23: 25
1,16: 63
1,18.21: 26
1,22: 88
2,1-14: 25
2,5.11-14: 26
2,16: 88
2,20: 8, 18, 26, 63
3,1-5: 102
3,1-5.14: 100
3,3: 108

3,5: 101
3,13: 29
3,16.18.29: 85
3,26: 73, 88, 105, 112
4,1: 70
4,1.7: 85
4,4: 8, 64, 111
4,4.6: 63
4,5: 73, 111
4,6: 9, 49, 50, 68, 76, 77, 78, 103, 107
4,6-7: 49, 51, 112
4,7: 86
4,8: 64, 65
4,13: 25, 26, 28
4,16: 77
4,17: 76
4,19: 83
4,27.31: 83
5,1: 70
5,14: 80
5,16: 60, 109
5,16.18: 59
5,16-26: 110

5,18: 60
6,9: 80
6,18: 104

Efésios
1,3: 79
1,3-4: 91
1,5: 73
1,6: 79
1,13: 100, 105
1,13-14: 100
1,14: 106
1,16-18: 104
2,3: 83
2,15: 106
3,2: 64
3,5-6: 96
3,9: 66
3,16-17: 105
3,18: 85
4,4: 101
4,4-6: 99
4,13: 63
4,30: 100

5,8: 83
6,7: 71
6,8: 70

Filipenses
1,1: 88
1,2: 79, 80
1,10: 88
1,11: 79
1,21: 29
2,1: 104
2,6-7: 71
2,12: 88
3,5: 28
3,5-6: 25, 28
3,6: 28
3,19: 65
3,20: 88
4,15-16: 25
4,23: 88

Colossenses
1,3: 79

1,16: 66
2,5: 104
1,13: 63
2,12: 105
2,25: 104
3,10-11: 106
4,16: 66

1Tessalonicenses
1,1: 88
1,4-10: 109
1,5: 102
1,9: 64
1,10: 63
2,1-2.17-18: 25
2,7.11: 83
2,9: 28
3,1-3a: 25
4,3-8: 109
5,23: 104
5,27: 66

2Tessalonicenses
2,4: 65

1Timóteo
1,2: 83
4,4.12: 83
5,4: 83
6,2: 70

2Timóteo
2,1: 83

Tito
1,4: 83
1,6: 83
3,5: 73
3,5-6: 105

Filêmon
9: 88

Hebreus
1,5: 14
5,5: 14
9,15-17: 85
12,5-12: 73, 107

Tiago
5,4: 77

1Pedro
1,3: 73
1,14: 83
2,2: 73
2,13-17: 19
2,16: 71

2Pedro
1,4: 16, 73
1,16-18: 15
2,14: 83

1João
2,1: 103
3,1-2: 73
3,2: 8
3,2a: 63
5,20: 64

3João
4: 83

Apocalipse
1,8: 66
10,3: 77
12,2: 77
21,16: 54, 105

Apócrifos
Clemente Romano
1Cor 35,5-6: 19

Qumran
1QS 3,18-19: 69
Sekki 82-83: 100

Obs.: Além de todas estas citações usadas ao longo do texto, nas páginas 94 e 96 desta obra, temos uma grande tabela sobre o uso do termo Espírito Santo no Epistolário Paulino.

Posfácio

Nesta obra, onde os autores apresentam este profícuo estudo sobre Rm 8,14-17 servindo-se, como indicado na introdução, do método histórico-crítico e da análise retórica, realiza-se muito bem o que fora dito pelo Dr. Jean Louis Ska na conclusão de seu capítulo sobre o método da análise narrativa, na obra dirigida pelo Dr. Horácio Simian-Yofre: "esses diferentes métodos de praticar a exegese muito mais se completam do que se excluem. Como o bom artesão, o exegeta não escolhe primeiro os instrumentos e depois o objeto a trabalhar. Ele examina longamente o material a trabalhar e só depois escolhe os instrumentos mais adequados para o trabalho que deve realizar"[250].

Em se tratando de um texto antigo, o método histórico-crítico ajuda a compreender seu ambiente de origem, estrutura, gênero literário, *Sitz im Lebem*; enfim, todos os elementos que vão contribuir para a elaboração do comentário exegético, definido pelos autores como o "coração" deste trabalho. Tendo em vista, todavia, que se trata de uma carta, a análise retórica pode ajudar e, de fato, ajuda a perceber qual o impacto que o texto

---

250. SKA, J.L. "Sincronia: a análise narrative". In: SIMIAN-YOFRE, H. (org.). *Metodologia do Antigo Testamento*. 2. ed. São Paulo: Loyola, 2011, p. 147.

tinha em vista causar nos seus destinatários, chamando a atenção, como diz o documento A *interpretação da Bíblia na Igreja*, para a capacidade persuasiva e convincente da linguagem[251].

O capítulo que trata das questões preliminares contribui para que o leitor possa situar o texto dentro do seu contexto vital. O conhecimento a respeito da comunidade cristã de Roma e da relação de Paulo com essa comunidade permite ao leitor captar o sentido da carta e o objetivo do Apóstolo, que é, no parecer dos autores, o de deixar aos cristãos dessa comunidade, que não fora fundada por ele, a sua *opus maius*, o seu "testamento espiritual". Merece destaque o ponto que aborda o significado da Carta aos Romanos e o seu valor para o movimento ecumênico. A citação do Pastor Marc Boegner, falecido em 1970, membro eminente da Igreja Reformada da França e grande líder do movimento ecumênico francês, é muito oportuna. Ele afirmava que este escrito, causador de tantas divisões entre os cristãos nos tempos da Reforma, deveria ser o texto do "nosso encontro". O presente trabalho possibilita esse "encontro", colocando o leitor diante do que há de fundamental no texto em análise: o fato de, em Cristo, e na força do Espírito, termos nos tornado filhos adotivos de Deus e coerdeiros com Cristo.

A análise da disposição retórica do texto permite ao leitor apreender dois pontos importantes que iluminam a compreensão de Rm 8,14-17: sua relação com o contexto da própria carta e com o texto de Gl 4,6-7. Nesta parte do trabalho consegue-se perceber, através das esmeradas tabelas preparadas pelos autores, dois elementos significativos: o modo como a pneumatolo-

---

251. PONTIFÍCIA COMISSÃO BÍBLICA. *A interpretação da Bíblia na Igreja*. 4. ed. São Paulo: Paulinas, 2000, p. 49.

gia se relaciona com o tema da filiação divina, o que pode ser notado pela repetição dos termos πνεῦμα (v. 15), υἱοθεσία (v. 15) e pela expressão τέκνα θεοῦ (v. 16); e a presença, sobretudo nos segmentos 4 e 6, de um traço típico da retórica paulina, a saber, o uso de expressões precedidas pelo prefixo συν (συμμαρτυρέω [v. 16]; συγκληρονόμος, συμπάσχω, συνδοξάζω [v. 17]), que veiculam um elemento marcante da teologia do Apóstolo: a identificação entre Cristo e o cristão.

O comentário exegético, que ocupa a maior parte do trabalho, constitui, como já afirmado antes, o "coração" desta obra. Neste momento, percebe-se melhor como a utilização dos dois métodos, o histórico-crítico e a análise retórica, contribuem para uma melhor compreensão do texto. O comentário é feito a partir da estrutura do texto, que fora estabelecida justamente a partir da utilização dos dois citados métodos e que oferece uma melhor visão de como o texto se organiza e de como as suas diversas partes se relacionam com o todo. Com a finalidade de ilustrar a riqueza e a profundidade desse comentário exegético, dois elementos poderiam ser postos brevemente em destaque.

O primeiro deles é como essa perícope se conecta à anterior pelo uso do verbo ἄγω, apresentado no passivo, mas traduzido pela voz média – "deixam-se conduzir" –, segundo as possibilidades apresentadas pelos autores. Esse verbo conecta Rm 8,14-17 com o texto anterior, que é concluído com o tema da vida no Espírito: os que fazem morrer as obras da carne viverão (Rm 8,13: ζάω). Segundo o que vem demonstrado no decorrer do comentário exegético, ao mesmo tempo em que o uso do ver ἄγω deixa transparecer a conexão de uma perícope com a outra, mostrando a unidade interna da carta, com o encadeamento de temas afins, ele também indica um progresso no pensamento do Apóstolo, pois se passa da "vida" no Espírito para o "deixar-se conduzir" pelo mesmo Espírito. O aspecto relacional ganha, assim, maior relevo. Neste ponto, o comentário ecoa a voz do grande São João Crisóstomo, que também chamou a atenção para esse aspecto em uma de suas homilias sobre a Carta aos Romanos: "Mais uma vez é esta uma honra muito maior do que a primeira, tendo em vista que não disse [o apóstolo] simplesmente: 'Os que vivem (ζάω) pelo Espírito', mas 'Os que se deixam conduzir (ἄγω) pelo Espírito de Deus', mostrando dessa forma que Ele quer ser o Senhor de nossas vidas, como o piloto é senhor do navio, e o auriga, da biga de cavalos. E não submete com rédeas somente o nosso corpo, mas também a nossa alma"[252].

O segundo elemento para o qual se poderia chamar a atenção diz respeito ao modo como o comentário apresenta o uso do advérbio πάλιν (Rm 8,15), que coloca mais uma vez o texto em conexão com o restante da carta, mormente com o que vem dito em Rm 7,14-25, onde Paulo apresenta dramaticamente a luta interior do homem que quer viver segundo a Lei, mas que se percebe entregue ao pecado. De fato, Rm 7,14-25 é marcado por um vocabulário que remete ao mundo da escravidão: v. 14 – πιπράσκω (ser vendido como escravo), v. 23 – αἰχμαλωτίζω (acorrentar); v. 24 – ῥύομαι (libertar). O Apóstolo quer mostrar a superioridade do que foi dado por Cristo, e de fato o demonstra pelo uso do advérbio πάλιν, conforme vem exposto no comentário exegético desta obra. A

---

252. ODEN, T. (ed.). *La Biblia comentada por los Padres de la Iglesia*: Nuevo Testamento. Vol. 6. Madri: Ciudad Nueva, 2000, p. 307.

vida nova no Espírito, o Espírito de filiação (πνεῦμα υἱοθεσίας) foi dado aos crentes justamente para que estes não caiam "de novo" (πάλιν) no modo de viver antigo, sob o regime do pecado, mas para que vivam a vida nova da graça.

Muitos elementos desse comentário exegético poderiam ser retomados, saboreados, lidos em chave sapiencial, devido à riqueza que oferecem ao leitor. Esses dois, contudo, já permitem que se perceba a profundidade e a seriedade do trabalho executado, bem como a harmonia de pensamento que o texto oferece, conduzindo o leitor para o ponto de chegada de toda a obra, que vem apresentado na síntese teológica.

Articulada em quatro momentos, esta síntese permite compreender aquilo do que vem proposto no título da obra; ou seja, como se relacionam, no texto de Rm 8,14-17, o Espírito e o dom da filiação divina. Ao tratar deste último aspecto, os autores entrelaçam a pneumatologia com a cristologia: é em Cristo e na força do Espírito que os homens se tornam "filhos". Poderia ser acrescentado, ainda, o aspecto eclesiológico, uma vez que é através do batismo, dom que é dado na Igreja e pela Igreja, que essa filiação que foi conquistada por Cristo se torna uma realidade; ou seja, atualiza-se na vida de cada crente. Ao mesmo tempo, a síntese teológica abre espaço para o aspecto relacional-comunitário, pondo em destaque a união entre fé e vida, porque o batismo recebido deve ser manifestado na vida de cada crente, que passa a viver essa vida nova no Espírito, fazendo de todo o seu agir uma epifania do mesmo Espírito.

Um último aspecto, apresentado já na conclusão da obra, merece ser posto, também, em relevo: o caráter exodal que está na base de Rm 8,14-17. Convém que se utilize as próprias palavras dos autores para explicar o que significa este "caráter exodal" do texto: "assim como o povo hebreu, que foi oprimido com a escravidão no Egito, celebrou sua páscoa, sendo liberado pelo poder de Deus, também todo aquele que crê e adere ao Cristo pelo batismo é liberado do domínio do pecado e da morte pela Páscoa definitiva realizada no Filho unigênito de Deus"[253]. Com sua Páscoa, Cristo abriu aos homens a possibilidade de uma vida nova no Espírito, pois o ressuscitado ascendeu aos céus para de lá enviar o Paráclito. Ele mesmo havia afirmado aos seus apóstolos que, se Ele não fosse, o Espírito não viria até eles (Jo 16,7). Cristo introduz assim, na força do seu Espírito, a multidão dos crentes num "novo êxodo" que dura toda a sua existência terrena, até o dia no qual entrarão na posse plena da herança de filhos que lhes está reservada nos céus.

Este esmerado estudo oferece uma aproximação tanto científica quanto profundamente vivencial do texto sagrado, permitindo ao leitor compreender de modo ainda mais pleno o que significa o "Espírito de filiação" que é dado por Cristo aos seus. Ao mesmo tempo, ele provoca o leitor e, de modo particular, os que desejam enveredar pelos estudos bíblicos, pois estes encontram aqui temas a serem aprofundados e uma rica bibliografia que abre muitos horizontes de pesquisa. À guisa de conclusão, podem ser elucidativas as palavras do mestre de Alexandria (Orígenes): "Há muitos filhos de Deus, conforme diz a Escritura: 'Eu disse: Vós sois deuses, todos vós, filhos do Altíssimo!' (Sl 82[81],6); não obstante, um é o Filho por natureza, o unigênito do Pai, mediante o qual todos são chamados

---

253. FILHO, J.S. & GONZAGA, W. *O Espírito e a filiação cristã a partir de Rm 8,14-17*. Rio de Janeiro: Edipuc/Letra Capital, 2020.

filhos. Do mesmo modo, muitos são os espíritos, mas somente um procede do mesmo Deus e dá a todos os demais a graça do seu nome e de sua santificação"[254].

Prof.-Dr. Pe. Fábio da Silveira Siqueira[255]
Doutorado em Teologia Bíblica pela PUC-Rio

---

254. ODEN, T. (ed.). *La Biblia comentada por los Padres de la Iglesia*: Nuevo Testamento. Vol. 6. Madri: Ciudad Nueva, 2000, p. 307.

255. Doutorado em Teologia Bíblica pela PUC-Rio, onde trabalha como professor, junto ao *campus* do Seminário São José. E-mails: fabio-siqueira @puc-rio.br e padresiqueira@gmail.com. Lattes: http://lattes.cnpq.br/5937857218924211 Orcid: https://orcid.org/0000-0002-5671-3347

LEIA TAMBÉM:

A humanidade de Jesus

José Maria Castillo

Só é possível alcançar a plenitude "do divino" na medida em que nos empenhamos para atingir a plenitude "do humano". Só podemos chegar a ser "mais divinos" fazendo-nos "mais humanos". Esta proposta tem que invadir e impregnar toda a vida e a atividade da Igreja: sua teologia, seu sistema organizativo, sua moral, suas leis, sua presença na sociedade e sobretudo a vida e a espiritualidade dos cristãos.

É uma proposta que brota do próprio centro da fé cristã: o Deus do cristianismo é o "Deus encarnado". Ou seja, o "Deus humanizado", que se deu a conhecer num ser humano, Jesus de Nazaré. Entretanto, ocorre que, na história do cristianismo, a humanidade de Jesus, bem como suas consequências, foi mais difícil de ser aceita do que a divindade de Cristo. Esta dificuldade nos exige encarar a seguinte pergunta: Quem ocupa realmente o centro da vida da Igreja, Jesus e seu Evangelho ou São Paulo e sua teologia? Não se trata da velha questão sobre quem fundou a Igreja. A Igreja tem sua origem em Jesus. Ela, portanto, tem seu centro em Jesus, o Messias, o Senhor, o Filho de Deus. Porém, mesmo tendo isto por pressuposto, não se pode negligenciar esta pergunta imperativa.

A partir dela surgem outras perguntas: De onde ou de quem foram tomados os grandes temas que são propostos e explicados na teologia católica? Em que e como se justificam o culto, os ritos e, em geral, a liturgia que se celebra em nossos templos? A partir de quem e de quais argumentos se legitima o modo de governo que se exerce na Igreja? Que forma de presença na sociedade a Igreja deve ter? Por que o cristianismo aparece mais como uma religião e muito menos como a presença do Evangelho de Jesus em nosso mundo? Enquanto a Igreja não enfrentar seriamente estas questões, dando-lhes as devidas respostas, dificilmente ela recuperará sua identidade, e tampouco cumprirá sua missão no mundo.

Na presente obra, José Maria Castilho busca respostas para as várias perguntas que surgem quando se trata da humanidade de Jesus.

José Maria Castillo nasceu em Granada (Espanha) em 1929. É doutor em Teologia pela Universidade Gregoriana de Roma. Lecionou em Granada, Roma e Madri, sendo professor-convidado em São Salvador. Fundador e membro da direção da Associação de Teólogos e Teólogas João XXIII, e autor de dezenas de obras de teologia e espiritualidade. Tem publicada pela Vozes a obra *Jesus: a humanização de Deus*.

LEIA TAMBÉM:

Roteiro de leitura da Bíblia

Frei Fernando Ventura

Esse livro não é mais um trabalho bíblico científico, mas sim uma proposta de percorrer o Antigo e Novo Testamento à luz de textos-chave contextualizados nas épocas históricas em que os autores dos 73 livros que compõem a Bíblia os escreveram.

A Bíblia, mais do que um livro, mais do que um "código" ou um conjunto de normas, é uma "vida". Uma vida feita de tudo isso de que a vida é feita: sonhos e ilusões, alegrias e esperanças, lágrimas e sorrisos, encontros e desencontros, luzes e sombras, mais todo o resto que a nossa imaginação e experiência pessoal forem capazes de encontrar.

Tratada durante muitos séculos quase como o "livro proibido", vivemos ainda hoje o tempo de "pagar a fatura" desse divórcio que nos afastou das nossas origens, pelo menos durante os últimos quatro séculos e que abriu a porta para todo o tipo de comportamentos desencarnados e desenraizados de uma vivência adulta e esclarecida da fé, porque, também durante muitíssimos anos, nos habituamos a beber nos "riachos", com medo de nos afogarmos na fonte. Não vai muito longe o tempo em que a Bíblia parecia ser o "livro proibido aos católicos".

A Bíblia, que é a história de um povo e da sua relação com Deus, contém elementos que universalizam, fazendo de cada homem um potencial destinatário, como o percurso de leitura aqui apresentado o demonstra, "apenas" exigindo de quem lê um grande espírito de liberdade e abertura para poder sentir em toda a sua amplitude o convite que lhe é feito para descobrir a sua própria relação com Deus no aqui e agora da vida. O *Roteiro de leitura da Bíblia* destina-se a crentes e não crentes e tem uma força própria que de algum modo desafia o leitor a questionar-se em muitos sentidos.

Frei Fernando Ventura *nasceu em Matosinhos, Portugal. É licenciado em Teologia pela Universidade Católica Portuguesa e licenciado em Ciências Bíblicas pelo Pontifício Instituto Bíblico de Roma, tendo sido professor da Sagrada Escritura no Instituto Superior de Ciências Religiosas de Aveiro. No âmbito do movimento de difusão bíblica promoveu encontros de formação nos cinco continentes e colabora como tradutor e intérprete para vários organismos internacionais, entre os quais a Ordem dos Capuchinhos, a Comissão Teológica Internacional no Vaticano, o Conselho Internacional da Ordem Franciscana Secular, a Federação Bíblica Mundial e ainda algumas ONG. Tem publicado vários artigos de temática bíblica em Portugal e no estrangeiro, e é autor do primeiro estudo sobre Maria no islamismo bem como de um estudo exegético sobre o capítulo 21 do Apocalipse.*

CULTURAL

Administração
Antropologia
Biografias
Comunicação
Dinâmicas e Jogos
Ecologia e Meio Ambiente
Educação e Pedagogia
Filosofia
História
Letras e Literatura
Obras de referência
Política
Psicologia
Saúde e Nutrição
Serviço Social e Trabalho
Sociologia

CATEQUÉTICO PASTORAL

Catequese
Geral
Crisma
Primeira Eucaristia

Pastoral
Geral
Sacramental
Familiar
Social
Ensino Religioso Escolar

TEOLÓGICO ESPIRITUAL

Biografias
Devocionários
Espiritualidade e Mística
Espiritualidade Mariana
Franciscanismo
Autoconhecimento
Liturgia
Obras de referência
Sagrada Escritura e Livros Apócrifos

Teologia
Bíblica
Histórica
Prática
Sistemática

REVISTAS

Concilium
Estudos Bíblicos
Grande Sinal
REB (Revista Eclesiástica Brasileira)

VOZES NOBILIS

Uma linha editorial especial, com importantes autores, alto valor agregado e qualidade superior.

VOZES DE BOLSO

Obras clássicas de Ciências Humanas em formato de bolso.

PRODUTOS SAZONAIS

Folhinha do Sagrado Coração de Jesus
Calendário de mesa do Sagrado Coração de Jesus
Agenda do Sagrado Coração de Jesus
Almanaque Santo Antônio
Agendinha
Diário Vozes
Meditações para o dia a dia
Encontro diário com Deus
Guia Litúrgico

CADASTRE-SE
www.vozes.com.br

EDITORA VOZES LTDA.
Rua Frei Luís, 100 – Centro – Cep 25689-900 – Petrópolis, RJ
Tel.: (24) 2233-9000 – Fax: (24) 2231-4676 – E-mail: vendas@vozes.com.br

UNIDADES NO BRASIL: Belo Horizonte, MG – Brasília, DF – Campinas, SP – Cuiabá, MT
Curitiba, PR – Fortaleza, CE – Goiânia, GO – Juiz de Fora, MG
Manaus, AM – Petrópolis, RJ – Porto Alegre, RS – Recife, PE – Rio de Janeiro, RJ
Salvador, BA – São Paulo, SP